伝道のステップ 1、2、3

信徒と牧師、力を合わせて

鈴木 光

日本キリスト教団出版局

もくじ

はじめに 4

第1章 《ステップ0　前準備》──教会を知る　11

第2章 《ステップ1　イエス様と出会う》
　　　　　　　　　──入り口を作ろう　15

第3章 《ステップ2　イエス様と向き合う》
　　　　　　　　　──神と人との交わりの中で　38

第4章 《ステップ3　イエス様を主と信じる》
　　　　　　　　　──悔い改めて福音を信じる　71

第5章 《ステップ4　イエス様と共に生きる》
　　　　　　　　　──信仰生活トレーニング　83

第6章　個人伝道　99

おわりに　119

装丁　松本七重

はじめに

伝道に絶望して

　伝道には言葉にできない喜びと、果てしない絶望感があるように思います。
　一人の人間がイエス様に出会い、命が救われる姿を見る時、他の何にも比べることのできない喜びがそこにあります。しかし、同時に周りを見回した瞬間に、絶望的な数の人々がイエス様をまったく知らずに生きている姿を目にして、どうしようもない無力感が襲ってくるのです。
　大学時代、ある年に一緒に聖書を学んだりして、関わってきた四人の友人たちが信仰を持ち、クリスチャンになりました。その時の喜びは忘れられません。ところが、その喜びが落ち着いてきた時に、自分の大学には四万人の学生がいることを思い出しました。もちろん、ほかにクリスチャンはいたでしょうが、「一万分の一にしか届けられないのか」、と思って泣けてきました。

　その思いは、牧師になって、いつも伝道のことを考えて生活している今も変わりません。現在、私が仕えている教会では、平均すると毎年三人が新たに洗礼を受けてクリスチャンとなっています。住んでいるのは人口約十五万人の地方都市です。洗礼式の日は、教会全体で、新たに神の家族となった一人ひとりを心から喜びます。本当に嬉しい瞬間、私にとって最高の喜びです。
　そして、また心のどこかに絶望感があります。「届かない人が多すぎる。みんなに福音を伝えていくには、与えられた人生の時間が圧倒的に足りな

い」と感じるのです。超高齢社会と言いますが、まさに「てのひらから砂が零れ落ちるように」という表現のように、福音を伝える機会もないまま去っていく人々の存在を考えずにはいられないのです。

　自分は牧師などと立派な肩書をもらって、フルタイムで伝道するために生活をさせてもらっているのに、いったい何ができているのだろうか。こんな自分より、もっと相応しい力のある伝道者がいるはずじゃないか。本当はもっとたくさんの人たちが、イエス様の救いを聞いて、受け取ることができたんじゃないか。私たちを愛して、愛して、命をも捨てるほど愛してくださっているイエス様を信じる人が、この国にあまりに少ない現状の、責任の一端は牧師の一人として私にもあるんじゃないか。

　主からいただき、受け取っているものの大きさと、自分が応えられていることの小ささに、あまりにも差がありすぎてやりきれない気持ちになります。

　同じように感じているのは、私だけではないのかもしれない、と思いました。

　今、私が遣わされている教会が置かれているのは、それでも人口がそれなりにいて、どちらかといえば活気のある地方都市です。もっと過疎化が進んでいる地方や、様々な伝道の障壁がある地域で労している牧師の皆さんは、受洗者どころか新たに教会に来る人すらいないまま、私以上に苦しんでいるかもしれません。

　また、特に若い伝道者の仲間たちの苦悩も感じます。ある先生が、現在の多くの若い伝道者の厳しい状況を「学校を出たばかりの医師が研修医の機会もなく離島医療に送られるようだ」と評していました。

　確かに神学校での学びを経て遣わされていきますが、遣わされた先で、実践の場でトレーニングしてくれる人に出会えるとは限りません。伝道と牧会の現場でどうしてよいのか分からず、途方にくれる若い伝道者はたく

はじめに

さんいます。現実に起こる様々な問題の対応に追われ、伝道を志して献身したはずなのに、何もできないまま日々が過ぎていき、仕方がないのだと考えるしかないのも苦しいことです。やがて、迷い、疲れ果て、時に心折れて、牧師を続けられなくなる若い伝道者たちの話を少なからず聞きます。

そんな中でも、救われる人が一人でもいれば、それは牧師にとっても、ある意味で救いになります。自分が牧師になったのは間違いではなかったのだ、と感謝と喜びを持ってまた先に進むことができます。

でも、どうしたらいいのか分からない。それが本音だという牧師も多いのではないでしょうか。実際、多くの(教団・教派を問わず)牧師たちと話す中で、真面目で、熱意があっても、現状にどうしてよいのか分からずに、困っているように見える方が少なくありません。私は幸いにして、牧師であった父のしている伝道の実際の様子を見る機会がずっとありましたし、その後もいろいろな牧師やクリスチャンの先輩たちから実践的な「伝道の仕方」を見て学ぶ機会がたくさんありました。しかし、そういった機会がない方も現実には多いのではないかと思います。

私は特別に伝道に秀でているわけではありません。誇れるような実績もありません。受洗者が平均して三人だと書きましたが、それは平均であって、一人も新しいクリスチャンが生まれなかった年もあります。悩んで、試行錯誤して、とにかくやるだけやってきました。うまくいったことも、うまくはいかなかったことも、どちらもあります。それを、皆さんに分かち合えたなら、少しは励ましや助けになるのではないかと考えました。

これは成功者の体験に基づいたテキストではなく、絶望感と無力感にさいなまれながら、何とか主の憐れみで伝道を続けている一人の牧師の、恥を覚悟の一石です。

この本の内容は、伝道の「やり方」について、私なりの考えをまとめたものです。

わずか十年余のキャリアですから、熟成された伝道のノウハウを伝えることなど無論できません。書いている自分ですら、「何を偉そうに」と恥ずかしさすら感じます。でも、これから牧師や伝道者になろうとする方や、教会の伝道方策に取り組んでいる皆さんに、何かの助けになるかもしれません。

少なくとも、僕はそういう情報がほしかった。この本は、そういう方々を対象に書かれています。

また、既に伝道に熟練した牧師や賜物ある教会の方々には、本書を読んで「よくもこの程度で本を書いたな」と感じる方も多かろうと思います。ぜひ！　この本を叩きに叩いていただきながら、周りの牧師や主にある兄弟姉妹たちと、伝道のより良いやり方を分かち合っていただければと願います。

この本の想定しているおもな読者は、日本で活動している牧師や伝道者、教会員の皆さん、他にも伝道に関心のあるすべてのクリスチャンの皆さんです。

伝道に必勝法なんてない

伝道のやり方を分かち合うと言っておきながら、いきなり自ら否定するようですが、率直に言って伝道のやり方に絶対はないと思います。「トレンド」みたいなものは、確かにあります。具体的に何とは言いませんが、いろいろな働きや試みが日本の教会内で話題になっては、しばらく経つとあまり聞かれなくなったりします。

それを単なる流行だったというのは乱暴でしょう。それぞれを学んでみると、いずれも初代教会から連綿と続く教会の働きに連なるものであるのは確かです。実際に、それらの働きを導入して、大いに実を結んできた教

会もあるでしょう。問題は、「これをすれば伝道が進む」という、「特定のやり方」がどんな教会でも、どんな地域でも適応できるという誤解にある気がします。

　大切なのは、手法ではなく、目的です。一人でも多くの人に主イエスを紹介し、福音を伝えるという目的は共通なのですから、それぞれの教会や、その置かれた地域で、数ある「手法」を、その目的に向けて、どう利用できるかと考え、工夫することが重要なのだと思います。

　本書では、できるかぎり具体的にいろいろな伝道に関わる「手法・方法」を取り上げ、紹介したいと思います。
　同時に、それがどのような意図や目的で有益なのかも、あわせて考えてみたいと思います。

伝道の流れ

　伝道は流れ作業ではありません。御言葉を引用して説明するならば、「教会の伝道」とは「あなたがたは行って、すべての民をわたしの弟子にしなさい。彼らに父と子と聖霊の名によって洗礼を授け、あなたがたに命じておいたことをすべて守るように教えなさい」（マタイ 28:19–20）という、イエス様ご自身が教会に与えられた使命に応えることでしょう。

　また、それを主イエスに出会う人（受け手）の視点で考えれば、以下のようになるでしょう。
　すなわち、伝道とは、ある一人の人物が、今、生きておられる主イエスに出会い、信じるようになり、やがて従っていく決心をして、キリストの弟子として歩んでいく、その全ての歩みに寄り添い、支えることだと言えます。

そこで、本書では伝道の流れを、私たちがキリストに出会う人に寄り添うべきステップに合わせて次のようにとらえ、その各状況に合わせて必要な働きを取り上げていきます。

ステップ１：イエス様と出会う
ステップ２：イエス様と向き合う
ステップ３：イエス様を主と信じる
ステップ４：イエス様と共に生きる

牧師と信徒が一緒に取り組む

もう一つだけ、「はじめに」確認しておきたいことがあります。それは、伝道は牧師も信徒も同じクリスチャンとして、力を合わせて一緒に取り組むべき「教会のわざ」だということです。

牧師自身も主から与えられた使命に応えて伝道します。しかし、先にも触れたとおり、その使命は、はじめに使徒たち、すなわち「教会」に与えられた使命なのですから、牧師は個人で伝道するだけではなく、教会の伝道を導かなければなりません。信徒の皆さんも自分がキリストの体である教会の、大切な一員だということを覚え、イエス様からいただいた使命に応えなければなりません。

牧師個人で開拓伝道を始めた時や、教会員がごくわずかな教会ならば、先に挙げた「伝道の流れ」のほとんどを、牧師が一人で務めるかもしれません。しかし、一人の人物が信仰を持つに至るまでに、たった一人しか関わらないというケースはごくまれです。むしろ、教会という群れの中で、たくさんのクリスチャンが関わりながら、キリストに会っていくのだと思います。読者の皆さん自身も、クリスチャンであるならばきっと、そうだったのではないでしょうか。

はじめに

　本書では、牧師と信徒が一緒に「教会の伝道」に取り組むために、実際に分かち合い、伝道に備えていくワークを用意しています。

　伝道の実践的な提案の本だと考えて読んでいただくのも良いですし、可能ならばぜひ教会で牧師と信徒が一緒に取り組むテキストとして用いていただければ幸いです。

　さて、いよいよ本題に入っていきますが、それぞれの教会の状況に応じて、どこから読み始めても構いません。既に「私たちの教会はこの部分が苦手かも」といった具体的な必要を感じている読者の皆さんは、どうぞ本書の中で必要だと感じる部分を参考にしてください。先に述べたように、「これが絶対的な方法で、こうすると伝道がうまくいく」という内容ではないので、むしろ本書を参考にして皆さんそれぞれに合った伝道のスタイルを確立していっていただくのが良いと思います。

　また、第6章は伝道の基本となる、個人伝道について書いています。特に若い牧師の皆さんや、今日からでも具体的に伝えたいと考えている相手がおられる方は、こちらをご参考ください。

　特別な必要を感じている部分はないという方や、「伝道」といってもまったくピンとこないという方は、順に読んでいかれるのが良いと思います。

第1章 《ステップ0　前準備》――教会を知る

　この章では「教会の伝道」に、より効果的に取り組むための前準備として、教会を知るということを取り扱います。

　本書は牧師と信徒が一緒に教会の伝道に取り組むためのワークブックです。ワークですから、実際に一緒に考えたり、書き出したり、意見を分かち合ったりしてもらいたいと願っています。
　お互いに自由に思ったことを分かち合えるように、ワークに慣れることも兼ねて、ここでは牧師は自分自身のことを、信徒の皆さんもご自身と教会のことを、分かち合っていただきたいと思います。

牧師を知る

　まずは「牧師を知る」ことから始めましょう。質問に答える形で進めていきたいと思います。
　今、この本を読んでおられるのが牧師ご本人であれば、あらためて自分を知るというつもりで気軽に取り組んでみてください。
　あなたが伝道をしようとしている信徒の方であれば、自分が伝道者とするならば、とイメージして答えてみてください。
　また、一番望ましい形ですが、牧師と信徒の皆さんでご一緒に読んでおられるのなら、質問文を信徒の方が読んで、牧師がそれに答える形が良い

でしょう。
　いくつか問いがありますから、あまり長い答えでなくてよいと思います。各質問に、率直な答えを二、三分で短くまとめてお話しください。

質問1　イエス様にどのようにして、出会い、信じるようになりましたか。
質問2　神様からどのような導きを受けて、牧師（あるいは各伝道者の働き）になりましたか？
質問3　特に神様から与えられている召命感や使命と感じていることはありますか？
質問4　牧師として長所はなんですか？（この質問は牧師本人以外の方も、ぜひ考えて教えてあげてください）
質問5　短所はなんですか？（この質問には牧師本人以外は答えてはいけません）
質問6　伝道を考える上で、得意な面と苦手な面は何ですか？（例：聖書を教えること、人の話を聞くこと、ともに祈ること、筆まめなこと、初対面の人とも打ち解けやすい、人生経験が豊富などなど、もしくはそれらの逆など）

教会を知る

　次に、皆さんの教会を知ることが、伝道の備えをしていく上で非常に有益です。いずれの教会も、イエス様の尊い血によって建てられ、神様の計画の内に置かれているのですから、これまでの歩みや現在の状況を知り、そこから神様の導きを考えていくことで、具体的な伝道にどのように取り組むのが良いか、見えてくるものが必ずあります。
　ということで、お互いに知っていることを分かち合いつつ、教会を知っていきましょう。教会の歴史が長く、「〇〇周年記念誌」のようなものがあれば、お手元に用意しておかれると大変参考になると思います。また、

第1章 《ステップ0　前準備》

現状を把握するために、教会の総会資料などがあれば、それも役に立つかもしれません。

　では、今度は皆で協力して質問に答える形で、教会の理解を深めていきましょう。

《教会のこれまで》
質問1　教会の成り立ちはどのようでしたか？　（ルーツはどんな教派でしょうか、誰が、いつ、どんな思いで〔使命感や召命を受けて〕伝道を始めて教会ができましたか）
質問2　これまでの歩みはどのようでしたか？　（どんな特徴があり、何を大切にしてきましたか、またどんな出来事と変化がありましたか）

《教会の現在》
質問3　牧師以外で、現在、この本に取り組んでいる、あなたについて短く分かち合ってください。どのように導かれて（伝道をされて）信仰を持ち、「伝道」にどんな思いがありますか？　（各人二、三分で）
質問4　統計的に現在の教会に集う人々の様子はどのようですか？　（統計があれば教会員数、現住陪餐会員数、礼拝出席者数などを挙げてみましょう）
質問5　個性や特徴として、今、教会にはどんな人たちがいますか？　（性格、経験、家族、仕事、人間関係、年齢層など、どんな人が多く、どんな人が少ないでしょうか）
質問6　教会の活動はどうですか？　（礼拝はいつ、どこで、どのようなスタイルで行っていますか。礼拝以外の働き〔祈祷会、伝道集会、教室や活動、付帯施設〕はありますか、誰が対象の活動ですか）
質問7　教会の置かれた地域の特徴はどうですか？　（どんな場所にありますか、地域の産業は、人口は、若者と高齢者の比率は）

《教会の未来》
質問8　十年後、百年後、どんな教会になっているでしょうか？（それぞれ、十年後と百年後の教会の姿を想像してみてください。こうなりそうというものだけではなく、こうなっていると良いというものを挙げてください）
質問9　あなたの置かれた教会に対して、どんな神様の期待を感じますか？

　さて、伝道への思いと、伝道する主体である教会について、互いに分かち合うことができたことと思います。それでは、次章では、いよいよ具体的な伝道を始めるためのワークに取り掛かっていきましょう。

第2章 《ステップ1　イエス様と出会う》
——入り口を作ろう

　この章では、一人の人がイエス様と「出会う」ために、「教会の伝道」としてするべきことについて考えていきます。

　イエス様ご自身は現在、天におられます。しかし、今を生きる私たちも、霊的な意味でそれぞれにイエス様に出会います。
　では、人はどのようにしてイエス様に出会うでしょうか。いくつかの種類の機会があると思います。たとえば使徒言行録に書かれた初代教会の姿から明らかなのは、聖霊の働きによって信仰的に出会うことができるということでしょう。あるいは、カトリック教会の方なら、聖餐（ミサ）を通して主ご自身に出会うことをまず考えるのかもしれません。そして、私たちプロテスタントの牧師にとっては、やはり聖書の御言葉によって人々はキリストに出会う、ということが最も重要でしょう。
　聖霊によって、聖餐によって、聖書によって、イエス様に出会う。どれも正解だと思います。では、その聖霊に、聖餐に、聖書に、人はどのようにして出会うのでしょうか。それはやはり、「教会によって」にほかなりません。
　ですから、教会の伝道の第一歩は、その「教会」に触れるきっかけを準備することです。そういったきっかけを私は「入り口」と呼んでいます。

　ある牧師が、伝道の計画を立てて、他の先生にアドバイスを求めて分か

第2章 《ステップ1　イエス様と出会う》

ち合ったそうです。よく考えて、納得のいく計画を立てることができたと満足していましたが、聞いてくれた先生からもらったコメントは「あなたの教会は入り口が見えない」というものでした。

「教会の入り口」とは物理的な意味だけではありません。参加したい、入ってみたい、と思った人が、行動にうつせる「きっかけ」となるものが用意されているか、ということです。もちろん、現実に入り口の見つからない教会ではいけませんが……。

「求めよ、さらば与えられん。門を叩け、さらば開かれん」と言いますが、求める人が叩く扉が見つからないのでは、あんまりです。まず、求める人が見つけやすく、叩きやすい入り口を準備しましょう。

ある人は、クリスチャンとの出会いを通してイエス・キリストに興味を持って求めるようになるでしょう。クリスチャンとはすなわち、教会そのものです。

また、ある人は教会のバザーで地域教会を訪れ、それをきっかけに礼拝に出てみようと考え始めるかもしれません。そして、礼拝で主イエスに出会うでしょう。

偶然耳にしたラジオ番組で聖書の言葉を聞き、勇気を出して礼拝に参加してみる人もいるかもしれません。

読者の皆さんも、最初は誰でもクリスチャンではない「自然の人」でした。しかし、皆さんそれぞれに、主の導きがあって、教会で（そして教会であるクリスチャンによって）イエス様に出会った「最初」があったはずです。

ちなみに私の場合は、うちがクリスチャンホームでしたので、物心ついたころには教会学校に参加していました。いわば、最初の出会いは「（クリスチャンであった）家族」であり、教会学校でした。

イエス様に会ってみたいと思った人が実際に会うことができるような道

筋を、牧師と教会は考えなければなりません。

【考えてみましょう】
教会に来たいと思った人がすぐに来られる入り口がありますか？

伝えたい相手は？

　具体的な入り口の話を始める前に、確認しておくべきことがあります。それは、最も伝えたいと想定している人々は、どんな人々かということです。第1章で既に牧師自身と教会の賜物や特徴、そして使命を確認している方は「特にこういう人々に福音を伝えるべきだろう」と漠然とでも方向性が見えてきているかもしれません。もちろん全ての人にイエス様の福音は伝えられるべきですが、その中で自分や自分の仕える教会に与えられている使命は「特に」どこにあるのかを明確にしておくことは、とても有益です。

　伝えたい相手がある程度定まっていれば、その人々がイエス様に出会うための入り口は、どんなものが相応しいか具体的に考えやすくなります。

　たとえば、教会の伝道集会を企画したとして、それが「広く色んな人に来てほしい」というものならば、集会の目玉となる講演や公演も、広く老若男女問わずに興味を持ったり楽しめたりするものにするべきでしょう。また、その集会を宣伝する方法もありとあらゆる手段が使えるでしょう。

　内容が年配者向けであれば、チラシを作って新聞の折り込みにしたり、公民館のチラシ置き場に置かせてもらったりして宣伝することは有効でしょう。一方で、内容が若者向けであれば、新聞の折り込みよりも、SNSを使った広告（さらに細かい年代によってどのSNSを使うかなど違うでしょう）が良いでしょうし、チラシを置くにしても公民館よりもカラオケや商業スポーツ施設などの方が目に付くでしょう。

ただ、共通して言えるのは、知り合いから口コミで伝えられるのが最も効果があるということです。その場合は、年配者向けであれば、年配者に関わりがある人を介して、若者向けであれば、若者に関わりがある人を介して伝えることになります。ここで注意したいのは、年配者に関わりがあるのは、年配者だけとは限らないし、若者に関わりがあるのは若者だけではないということです。たとえば、年配者に馴染みのある公共施設で働く人は若い人でも年配の人と接点がたくさんあります。また、孫が高校生、であればそれは間違いなく若い人との接点です。内容に魅力がなければ来てくれないかもしれませんが、逆にいえば興味の持てる内容であれば、知っている人から教えられた情報なら安心して参加することがありえるのです。

　これはあくまで、伝道集会なら、ということですが、これから見ていくこと全般に言えることとして、「伝えようとしている相手は誰か」ということを、いつも覚えておくことが大切です。

【考えてみましょう】
　伝道を考える時に、対象を具体的にイメージしていますか？

「入り口」としての礼拝

　ある教会で「とにかく礼拝に初めて来る人を増やそう」と考えて、いろいろな取り組みを始めたそうです。その中で、全ての人に教会はオープンで、礼拝には誰でも参加できるのだ、ということを宣伝しようと「どなたでもお気軽にお越しください」と書いた張り紙を教会の前に出しました。しかし、まったく効果はあらわれず、新来者は増えなかったそうです。そこで、文章を試行錯誤して変えていった結果、「クリスチャンでない人も礼拝に参加できます」と書いたところ、ついに新来者が訪れるようになったそうです。しかも、一人だけではなく、それから何人も来るようになり

ました。もちろん張り紙だけの効果ではないかもしれませんが、少なからず礼拝に行ってみたいと考えていた人の背中を押したはずです。

「礼拝は誰でも参加できる」というのは、クリスチャンには当然のことですが、実は世の中の多くの人たちは「礼拝はクリスチャンがするもの」と考えています。もちろん、「霊と真理の礼拝」は信仰に基づいてこそなされますが（ヨハネ 4:21–24）、異邦人であるサマリアの女が招かれたように（あるいはイエス様が彼女のもとを訪れたように）、まだ神の民ではない人たちも、主を求めて礼拝に集うことを主は喜んでおられます。こちら（教会側）には「礼拝は誰でも参加できる」という当たり前のことでも、イエス様に会ってみたいと思った人には当たり前とは限らない、ということをいつも念頭に置いておく必要があります。

また、「どなたでもどうぞ」では弱く、「クリスチャンでない人も」と限定して初めて、自分も行ってよいのだな、と考える日本文化も考慮して、教会に来たい人が来られる「入り口」をきちんと開いておく必要があるのです。

求道者もそれぞれの個性をお持ちです。ザアカイのように、木に登ってでもイエス様に会ってやろうという強い意志を持って、自分から道を切り開いて会いに来る人もいますが、必ずしもそういう人ばかりではないのです。いや、むしろそういう人の方が珍しいでしょう。

教会が伝道を考える時に、「自力で教会まで来た人には伝える」というのでは、やはりあまりに消極的で受動的な姿勢でしょう。少なくとも求める人がすぐ見つけることができ、もっと言えば、まだ自分の求めに気づいていない人にも、イエス様に出会うチャンスを広げるような準備ができるのが望ましいでしょう。

「私はクリスチャンホームで育って、物心つく前から教会に通っています」という人でもなければ、みんな最初は「新来者」だったはずです。初めて教会の門をくぐった時の緊張感や、礼拝に参加しようと礼拝堂の椅子

に座った時の不安な気持ちを、思い出すことができる人もいるのではないでしょうか。そう、初めて教会に来る人のほとんどは不安なのです。その人たちが、なるべく自然に教会の中に入っていくことができるようにすることが大切なのです。

【考えてみましょう】
あなたの教会の礼拝は、新来者にとって出席しやすいものですか？
自分が新来者になったつもりで考えてみましょう。

「入り口」としての教会の立地

　次に教会の建物自体が、教会に興味を持って足を踏み入れる「入り口」となることを考えたいと思います。まずは建物のある立地について考えてみましょう。

　都市部であるならば、やはり人が通る場所が立地としては良いかもしれません。

　地域によっては、教会の物理的な入り口が見えやすいことが、必ずしも良い入り口になっているとは限りません。いわゆる田舎では、ご近所の目を気にするため、目立たない入り口の方が、人が入りやすいということがあるのです。現在、隣の市で開拓伝道を続けている私の前任の牧師夫妻が、最初に会堂としていたのは、もとは携帯ショップだった小さなプレハブ事務所の建物でした。市の中心にある国道に面していて、目立つ場所でした。最初の数年は私も一緒に開拓に関わらせていただいたので、「せっかくいい立地だから」と張り切って、大きく「ようこそ〇〇教会へ」のような張り紙を国道側の窓全面にして、いつ人が来ても良いようにと待ち構えていました。しかし、散歩する人がチラチラと中を見て通るのですが、決して立ち止まらず、そそくさと通り過ぎていきます。車の人は目に入っているかもしれませんが、そもそも駐車場も小さかったので、なかなかふっと立

ち寄る気にはならなかったのでしょう。たまに扉を開けて訪れてくれるのは、既に教会に来ているメンバーたちや、その関係者ばかりでした（それでも励まされましたが……）。

　やがて、駐車場が狭すぎるし、国道沿いで集会するのは車の音が騒がしくて相応しくない、ということになって別の場所に会堂を求めることにしました。そこで、その牧師ご夫妻が、他の牧師仲間たちと相談したところ、同じく地方で伝道をしている先生から、「田舎の伝道は道を一本入って、すぐには他の人の目に付かない所がいいよ」と言われたのです。田舎あるあるですが、誰がどの車に乗っているかも町中が知っているし、誰がどこで何をしていたかもすぐに分かりますから、表通りの教会に車を停めていたらすぐに話題になってしまうとのこと。だから、むしろ一本入った場所で、こっそり行ける教会の方が最初のうちはいいのだそうです。

　そういうわけで、祈りながら探し歩いた結果、ほどよく道沿いで、ほどよく外れた所に土地を与えられて、現在その牧師夫妻が伝道している会堂が建てられたのでした。

　この場合は、物理的な入り口が見えないことが、入りやすい入り口になっている例だと思います。田舎ならどこもそうとは言えないでしょうし、地域ごとに特徴が違いますから、隠れた所が良いという短絡的なことではないのですが、対象としている「求める人が入りやすい入り口」を一緒に考えていきましょう。

　……とはいえ、新たな開拓伝道などでなければ、立地そのものを変えるのは考えにくいかもしれません。次は、その場所でどのように「教会の存在を知らせる」ことができるかを考えていきましょう。

【考えてみましょう】
　あなたの教会の立地は「入り口」としてどうですか？　工夫すべき点はありますか？

第2章 《ステップ1　イエス様と出会う》

「入り口」としての宣伝

　隠れ家的な場所にある教会もアリだという話をしたばかりですが、普通は「ここに教会があるぞ」ということを気づいてもらうことが、教会の伝道の入り口となります。そのためには、宣伝をする必要があります。

　人通りの多い道沿いに教会があれば、教会堂自体が宣伝になるでしょう。先に挙げた、地方の一本入った道に会堂を建てた牧師夫妻の話ですが、会堂自体は非常にユニークな形の設計でした。決して大きな建物ではありませんが、真っ白の外壁で、虹をイメージした半円形の正面をしていて、通りかかる人は誰でも思わず注目してしまう外見です。近所の人たちも最初は恐る恐る様子を見ていましたが、バザーや子ども会などをすると、「実は中がどうなっているか見てみたかったのよ！」という人たちが、いい機会とばかりにたくさん来てくれました。

　また、多くの教会は十字架をどこかに掲げているでしょう。それも広い意味では「ここが教会です」という宣伝になります。でも、意外と十字架は高い所にあって、普段歩いている時の視界に入らないということもあります。あるいは、十字架を見て「教会だな」と理解しても、一度も教会に来たことのない人にとっては「急に中に入ってもいいのかな？」、「予約しなきゃいけないのかな、そこまでして入ってみたいとは思わないな」などと思うのが普通かもしれません。

　誰でも興味を持ったら教会に入ってきやすい、いわばハード面の入り口について、皆さんの教会の状況はどうかを確かめてみましょう。

　2013年にキリスト新聞社から刊行された八木谷涼子さんの『もっと教会を行きやすくする本——「新来者」から日本のキリスト教界へ』という著作は、その点で非常に参考になりました。まだクリスチャンではない八木谷さんの目から、様々な教会を訪ねてみて、「新来者」としてどう感じ

たかということから、こうすべきではないか、という提案までがまとめられている本です。特に、教会の伝道の入り口の、ハード面に関して大切な示唆をたくさん与えてくれました。

　たとえば、教会の外に掲示板や、インターネット上にホームページなどがあるのはいいのだけれど、情報が更新されていないと、この教会は活動しているのかと疑われてしまうという指摘は、「なるほど、その通り！」と思わされました。

　また、多くの教会が何らかの形で持っている「新来者カード」は、本当に必要なのかという疑問も提示されています。そもそも、個人情報を初めて来た宗教施設で書かされることの不安感というのは、客観的に見れば確かに相当なものだと思います。

　私の仕えている教会でも、この本を学んだことをきっかけに新来者カードをやめて、簡単な任意のアンケートだけを準備することにしました。何しろ、教会で多くの働きを担っている人ほど、得てして教会生活が長くて「新来者」の視点を失いがちですから、注意しなければならないと気づかされました。

　さて、他にも教会の敷地内に限らず、様々な宣伝方法があります。たとえば、駅の看板や掲示板、町の地図やタウン誌のようなものなども費用は様々ですが、宣伝の媒体として利用することができます。先述したように、特に知ってもらいたい対象から優先順位を定めて、なるべく効果的な宣伝をしていきましょう。

　もう一つ大切なことは、教会に集う人々（信徒、求道者問わず）の存在自体が、教会があることを知ってもらい、興味を持ってもらうという点で最も重要な役割を担っているということです。

　前章でも、教会にどんな人たちがいるのかということを、分かち合ってもらいました。その中で、その人の立場や人間関係なども挙げてもらった

かもしれません。それは大きな神様からの賜物です。
　たとえば、教会が建てられている町内で、町内会で委員をしている人や、子どもの学校で何か役割をしている人がいれば、そこで教会メンバーだと知ってもらうだけで、たくさんの人に教会の存在と、「知っている人が通っている教会」という親近感を持ってもらうことができます。まさにその人自身が教会の入り口となるのです。教会の皆さんがそのことを自覚することは、大きな力になるでしょう。

　【考えてみましょう】
　教会やその活動が認知される宣伝を何かしていますか？　そのために何ができますか？

「入り口」としての単発の集会（伝道集会など）

　伝道のために伝道集会をする、というのは昔からある教会の伝道の王道スタイルかもしれません。伝道集会をして、そこに伝道したい人を誘って連れてくるというのは、シンプルで強力な「入り口」です。ただし、長いことやっていればこそ、マンネリ化してきて、いつも参加するのは教会員だけということも起こりがちです。そして、やがては疲れてしまって止めてしまう。
　本来はストレートで強力な入り口ですから、もっと有効に用いることができると良いでしょう。いくつか見直したり、新たに始めたりするにあたって気をつけると良い点を挙げてみましょう。

①対象を明確に

　これは、既に例として書いたことですが、「誰でも」というやり方は実はものすごく体力を使うわりに、意外と「誰にも」届かないということが起こりやすいのです。老若男女、誰に伝えようとしているのかを、最初に

確認して入り口を準備しましょう。

　対象に合わせた「内容」、「宣伝」を用意して、人々を招きましょう。

　来てほしいと考えている人たちを誘わなければ、当たり前ですが、来てくれません。

②受け皿を準備して

　もう一つ、伝道集会のような単発の集会で陥りがちなのは「打ち上げ花火現象」が起こることです。つまり、打ち上げ花火のように派手に行われるのだけど、その効果が一瞬で消えてしまうということです。（花火の悪口を言っているわけではありません。筆者も花火は大好きです。悪しからず。）

　たとえば、有名な音楽家を招いて伝道集会をしたとしましょう。期待通りの、いや、それ以上の人々が集まってきてくれました。音楽を楽しみ、また牧師のショートメッセージにも熱心に耳を傾けてくれました。そして、皆さん帰っていきました。

　……その後？

　いや、特に何もありませんけど。

　というのではもったいないと思います。

　しばしば「福音の種まき」という表現を耳にしますが、たいていの作物は種をまくだけで放っておいては豊かな実りは期待できません。農夫が前準備と、後の手入れをするから豊かな実りとなるのです。コリントの教会の派閥問題に向けてパウロが書いた言葉の中にも、「わたし（パウロ）は植え、アポロは水を注いだ。しかし、成長させてくださったのは神です」（一コリント3:6）とあります。文脈上からも重要なのは、もちろん「成長させてくださったのは神」である事実なのですが、忘れてはいけないのは、パウロは「植えて」いるし、アポロは「水を注いで」いるという、も

う一つの事実です。

　伝道集会という入り口を準備したならば、その入り口から奥に入ってもらうまでの道筋も合わせて考えておくことです。ようは受け皿となる集まりを準備することが必要なのです。

　たとえば、そこに初めて教会に来てくれた人がいるならば、その人が「次に」来られるようなお茶会を企画しておくなどすると良いでしょう。あるいは、普段から行われている集会（祈祷会や学び会）などを新来者も来られるようにスペシャルでやってみてお誘いするのもよいかもしれません。基本的に伝道集会は一方的に伝える形式ですから、そこに来た求道者の方が教会と交わりを作れるような場をもうけておくことが良いと思います。もちろん「次の礼拝に来てください」と誘うのならば、来てくださった時に歓迎する準備も整えておきましょう。

　【考えてみましょう】
　対象を考えて準備をしていますか？　終わった後の受け皿を用意してありますか？

「入り口」としてのミニストリー

　今のところ、特に伝道の入り口になるような行事をしていない、という教会の場合は伝道集会のような単発のものをまずやってみる、というのも効果的でしょう。一方で、中長期的に見て、より効果的な入り口は、伝えたいと思う人たちが興味を持って集ってくれる定期的な働きや集会を始めることです。そういった、伝道の入り口になる働きを、最近は「ミニストリー」という呼び方をすることも増えてきたので、ここでもそうすることにします。

　ある若者伝道に使命を感じている先生は、若者にとって入り口となる「三大ミニストリー」を教えてくれました。それは、「音楽」、「スポーツ」、

「学習」だそうです。ある意味では、若者に限らず全年齢層を通して、興味のあることだと言えるでしょう。

　たとえば、音楽は多くの人に喜びを与えます。ロックやポップスなら、若者に人気があるでしょう。クリスチャンのバンドのライブを教会で企画すれば、若い人たちは関心を持ってくれるでしょう。しかし、その場合は先に述べた「単発の集会」の形になるでしょう。何しろゲストをお願いする場合は費用が発生しますから、定期的に行うには財源をはじめとした相応の準備が必要になります。ここで扱う「ミニストリー」としては、若者たち自身が音楽をできる場を作ればよいのです。

　私のいる教会を例に挙げますと、大きく三つの音楽に関するミニストリーがあります。一つはごく一般的な「聖歌隊」です。これは求道者向けというよりは、朝の伝統的なスタイルの礼拝を支える働きで間接的に伝道を支えるような形ですから、ここで意図しているものとは少し違います。残る二つは「ユースバンド」と「ゴスペルクワイア」のミニストリーです。

　ユースバンドは、文字通り若者のバンドです。「ユース」の定義も教会によって違いますが、私たちの教会では中学生〜大学生の年代の若者たちを指しています。元々は、近隣の教会が共同で行った集会のために、若者バンドが始まったのですが、まだクリスチャンになっていない若者たちが定期的に集まれる場所として、教会で月一回バンド練習の時間を持つようになりました。中学生以降、教会から離れがちになる若者たちの居場所となって、まだ洗礼を受けていなかった学生にとっての、受洗に導かれるまでの定期的な教会とのつながりとして用いられました。

　ゴスペルクワイアも、文字通りゴスペルのクワイア（聖歌隊）です。このミニストリーは私が教会に着任するより前から始まっていた、十年以上の歩みを持つ働きです。最初は、まさに多くのクリスチャンでない人に教会に足を踏み入れてもらおう、ということで日本語ゴスペルの先駆者の先生たちを招いてスタートしました。その後、そのクワイア活動（月二回の練習と二回の自主練習）から信仰に興味を持って、イエス様を信じ、クリ

スチャンになる人が少しずつ増えていきました。入り口となるミニストリーとしての役割に大いに用いられてきました。

ユースバンドもゴスペルクワイアも、現在はクリスチャンの数が多くなり、夜の礼拝は「ゴスペル礼拝」と呼んでいますが、そこで礼拝のリードを担ってくれています。これは、ミニストリーの場がそのまま礼拝の場になっていったケースだと思います。

音楽は若者だけでなく、年配の方も、子どもも好きな人がたくさんいます。年配の人も、もちろんロック好きな方もいるでしょうが、クラシックや合唱が好きという人が多いかもしれません。ちなみに、紹介したゴスペルクワイアはおおよそ三十代～六十代の人たちが参加しています。

子ども向けのゴスペルクワイアの働きもあります。これは就学前から小中学生がおもな対象になっていて、その先の年齢ではユースバンドなどが受け皿になる形で継続して若者たちの場所を作るように心がけています。

最近、いろいろな教会でよく聞かれるのが「中学の壁」という言葉です。小学生までは親に連れられて教会に来るのだけれど、中学生になると学校の部活動が忙しくなったり、自分で行動できるようになって日曜に教会に通うのが習慣でなくなったりするのです。ユース世代の居場所となるミニストリーがあることは、教会にとって大きな力となります。とはいえ、「ユースがいない」状態で、ユース向けミニストリーを急に開いても、なかなか難しいと思います。むしろ、教会とつながりのある中高生が興味を持てるような場を考えて誘うことや、小学生から中学生にあがる子たちが自ら来たいと感じる場を備えていけるように考えていくのが良いでしょう。何がよいか分からなければ、子どもに直接聞いてみたり、子どもや若者と接する機会の多い人にアイデアを求めてみたりすると良いでしょう。もっと言えば、良い関係を築いている若者や子どもがいるならば、彼ら彼女らと一緒に何かを始めてみるのが良いでしょう。

話が少しそれましたが、ほかにも子ども向けの音楽のミニストリーはた

くさんあります。たとえば、同じ地区の教会では子どもたちがハンドベルをしているのだそうです。それは、良さそうだということで、教会員がちょうどハンドベルを持っていたので、私たちの教会でも早速とりいれてみました。継続的な働きにはしていませんが、十分に音楽ミニストリーの一つとして用いていけるようになると感じました。

　入り口となるミニストリーは、教会に行ってみてもいいな、と感じている人が、教会に足を踏み入れるきっかけとなればよいので、人の興味関心の数だけ考えられる可能性があります。
　先に言った通り、「音楽」、「スポーツ」、「学習」だけにとどまりません。子育て中の親世代にとっては、子育てを分かち合える場があれば行ってみたいと思うでしょう。健康への関心が高まる世代であれば、そういったセミナーも興味をひくでしょう。近年では、「がんカフェ」（がん哲学外来）の場所を提供したり、主催したりすることも教会の働きとしてよく見られます。あるいは、社会的な問題に対して、学んだり、分かち合ったりする場があることも良いでしょう。

【考えてみましょう】
　入り口となるミニストリーがありますか？　何か新たに始められるミニストリーがありますか？

ミニストリーの始め方と注意点

　ミニストリーを始めるのに必要なのはリーダーです。つまり、そのミニストリーを中心になって進めていく人です。大げさに言えば、そのミニストリーを神様から与えられた使命と思って担ってくれる人です。
　皆さんが今おられる教会の現状として、そういう人はいないというのであれば、まずは皆さん自身がリーダーとなって進めるのが良いでしょう。

第2章 《ステップ1　イエス様と出会う》

　また牧師は、何か賜物のある人で神様に何かの形で奉仕できないだろうかと考えている人がいれば、祈りつつ背中を押してあげると良いでしょう。

　場合によってはやる気はあっても、「リーダー」という名前に恐れを感じるという人もありますから、○○ミニストリー担当者とか世話役といった名前でも構いません。とにかく、主への応答として働きをしようとするリーダーを見つけることです。なお、リーダーの発見や育成については第5章（本書92頁以下）で詳しく触れます。

　リーダーがいれば、ミニストリーの内容によりますが、リーダーと一緒に働きをサポートしてくれる人と共に集まって祈り会から始めると良いでしょう。イエス様が弟子たちを二人一組で遣わしたように、二人、三人と仲間がいる方が働きは確かなものになります。お互いにミニストリーに対する思いやアイデアを分かち合い、互いに祈り合います。もちろん、そのリーダーが牧師でなく信徒の方ならば、牧師が立ち会って、祈りに加われば大いに励まされるでしょう。

　そして、二回目以降の準備会では（もちろん時間がゆるせば初回でも構いません）具体的にどのように始めるか相談します。特に、この章で繰り返し語ったように、「目的」、「対象」、「宣伝」、「費用」、「やり方」を具体的に考え、始めるためのスケジュールを決めていきます。

　また、特にミニストリーを通して信仰に興味を持った人たちに、どのようなフォローをしていけばよいかも考えておくと良いでしょう。いわば「次のステップ」まで考えて始めるのが有効です。たとえば、ミニストリーで教会の会堂に入ることに壁を感じなくなったら、次のクリスマスの行事に誘ってみようとか。仲良くなってきたら、お食事会をしてもう少し深い人間関係を築けるように機会を設けてみたら良いかも、といった具合です。

　さて、これらのミニストリーを始めようと考えていくうえで注意すべきことも、挙げておきたいと思います。

第2章 《ステップ1　イエス様と出会う》

　まず、次の二つのことをよく心にとめるべきです。それは、常に人がイエス様に出会うことができるようにという目的を忘れないことと、だからといってミニストリー自体には決して手を抜いたりせずに誠実に取り組むことです。

　もう少し具体性を持って話しましょう。何かのミニストリーを始めて陥りやすい良くない状況として、「行っている働きそのものが目的となってしまう」ということです。たとえば、ゴスペルクワイアの働きが始まったとして、イエス様とはまったく関係なく歌うことだけが目的となってしまっては、「ミニストリー」とは呼べないものとなります。

　逆に、「これは単なる入り口だから」と言って、適当な準備しかしていなければ、それを目的として来た人たちは、教会が不誠実なところだと思うでしょう。教会は自分たちの目的を忘れてはならないけれども、集まってくる人たちの目的は最初の時点で違うのですから、それを押し付けるのはある種の詐欺であるとさえ言えます。

　もちろん、なんでもプロ級の準備をして始めましょう、ということではありません。それでは、何も始めることができないでしょう。そうではなくて、来てくれた人たちが、まず自分の求めていたものを満足して受け取るということができて初めて、私たちが本当に伝えたいことにも関心を持ってもらえるということです。

　たとえば、絵画の会を始めるとして、「絵画教室」と名前をつけてお茶菓子代を超える会費をとれば、それに相応しい教えられる先生を準備しておくべきでしょう。でも「絵を描く会」と名前をつけて、きちんと最初から同好会ですと言っていれば、来る人も自由に、好きなように描くことを素直に楽しむことができるでしょう。

　できることから始めるので十分です。また、自分たちの賜物に合ったものをささげて始めるミニストリーこそが、集う人たちにとって誠実なものとなるでしょう（単純に○○が流行っているからやろう、という発想はあまりお勧めしません）。既にある教会の賜物を用いて入り口となるミニス

トリーを準備していきましょう。前章で教会に集う人々について分かち合ってもらいましたが、それぞれが教会外の人々と様々な形で接点を持っていて、また仕事や趣味などでミニストリーを始められる賜物があることがたくさんあります。その人たちが、自分の召命としてその賜物をミニストリーとしてささげることができるならば、それは本当に素晴らしいことです。

　ただし、そこでもう一つ注意したいのは、それが本当に信仰者一人ひとりの神様への献身としてささげられる範囲の中で行うということです。小さな規模で始めるのならば、多くの場合はリーダーも無給でミニストリーが行われるでしょう。しかし、そのミニストリーを導くリーダーは、その働きのために生活の中の時間や、場合によってはお金をささげていくのですから、本人自身の献身の思いに相応しい範囲で行わなければ、すぐに疲れ果ててしまうことでしょう。
　フルタイムの牧師自身がミニストリーをリードする場合は、自分自身で祈り備えてやるので良いと思います。一方で、信徒のリーダーが働きを担ってくださる場合は、牧師はその方の献身の思いと働きとのバランスが取れているか、よく配慮していかれると良いでしょう。リーダーをなさる信徒の方も、正直に自分の状況を牧師に分かち合って祈ってもらうことをお勧めします。
　この点は、リーダーを育てるということにもつながりますので、第5章でもまた詳しく触れます（本書92頁以下）。

　一方で、思い切って大きなミニストリーにチャレンジすることも有効です。
　地域の人たちに教会に興味や関心を持ってもらえる何かがあるならば、イエス様に出会うための入り口として取り組んでみるのは素晴らしいチャレンジだと思います。まずは、教会の人々、リーダーたち（長老会、役員

会など）とよく祈り、何に取り組むことが良いか、導きを求めていく必要があります。地域の必要や関心、また教会の賜物や必要を思いめぐらしながら、よく祈っていきましょう。

繰り返し挙げたスポーツ、音楽、学習をはじめとして、大きく活動を始めるならば、やはり専門の講師を依頼する必要があるでしょう。このためには、きちんとその働きを始めるための準備委員会（チーム）を作り、スケジュールや予算などを組み、何よりもよく祈って備えていきましょう。

定期的に始める前に、試験的に単発の行事としてそのミニストリーをやってみることも一つの方法です。ゴスペルクワイアであれば、クリスマスに合わせた数回のワークショップとコンサートを期間限定でやるとか。スポーツ関係のミニストリーを始めるならば、そのスポーツの選手や指導者を招いて、練習会を行うというのも良いでしょう。クリスチャンで、宣教に使命を感じているスポーツ選手や指導者もいますので、そのような働きをしている教会などに相談してやってみるのも良いでしょう。

これから始めようとしているミニストリーがあるならば、次のような準備をしてみましょう。
1. リーダーを決める
2. 一緒に働きをするチームを作る
3. お互いに思いやアイデアを分かち合い、祈り合う
4. 「目的（ゴール）」、「対象」、「宣伝」、「費用」、「やり方」を具体的に考える
5. スケジュールを立てる

【考えてみましょう】
既存、もしくはこれから始まるミニストリーで、目的を見失っているものや、内容が外からの参加者に対して誠実でないものはありませんか？

継続は力なり、やめることも力なり

　ここで少し話題が変わりますが、具体的な働きを始めようとする時に、避けては通れない課題が一つあります。それは、教会の既存の働きを、整理する必要が出てくることがあるということです。

　時として教会の伝道を阻む大きな壁になるのは「やることが多すぎる」ことです。特に、日本には「継続は力なり」という言葉が、いわば当然の「徳」として浸透していますから、内容が有益かどうかよりも、長く続いているかどうかが重要視されることが多々あります。これは、もちろん悪い面ばかりではなくて、実際に長いあいだ続けることには力も益もあると思います。しかし、一方でそれが新しいことを始めることを不可能にしているならば、やはり考えなければなりません。

　もし、今やらなければならないことが多すぎて、伝道は無理だ、という状況であれば、「やらなければならないこと」と「やるべきこと」を、伝道を最優先にして整理して、時間を作る必要があると思います。

　特に教会全体で取り組むミニストリーならば、教会行事の中で整理できる部分をすると良いでしょう。また、牧師がリーダーをするとか、深く運営に関わって何かの働きを始めたりするならば、そのぶん、別の部分で牧師の働きを整理する必要があるかもしれません。その際、何かの働きを休止するのも一つの方法ですし、あるいは牧師以外の人が担える働きがあるならばお願いするなどできると良いでしょう。

　また、何かの活動を休止したり、やめたりする場合、きちんとその働きを評価して神様に感謝する時間をとることをお勧めします。

　当然のことですが、続いてきたものを「良くなかったから」と言ってやめることは、望ましくありません。曲がりなりにも続いてきたということは、その中に意義があったはずです。そこにあった実りをきちんと評価して、感謝をしていくことがその後の新しい働きにも必ず良い影響を与える

でしょう。単に「やめる」のではなく、「使命を果たした」と考えてはどうでしょうか。

　「やめる」のが難しければ、既存のやり方を上手く変えていくという方法もあります。「はじめに」でも書きましたが、本書で取り扱っていることのほとんどは、別に新しくもなんともありません。本質的には教会がそのはじめからやってきていることを、現状でどう実践していくかということに過ぎないのです。ですから、これから新たに取り組もうと思っていることのいくつかは、既にある働きを基に始めれば良いでしょう。ただし、これまでその働きに携わっていた人たちには、変わる部分は変わることをよく説明して伝える必要があります。分からないことをやらされるのは、誰でも嫌なものですから。

　さらに、「変えない」で新しいことをやっていく方法もあります。つまり、牧師やその働きを担っているリーダーが、今までの働きを上手に効率化して、誰にも変化を意識させずに自分で新しい働きを始めるということです。変えるべき部分は変えるべき、などと偉そうに最初に書いておいてなんですが、私自身は波風立てるのが嫌いなので、このやり方をよく取ります。自分で一回やってみますので、試しにやらせてください、と言って「ダメ」と言われることはありませんでした。そこで、実際に試しにやってみて、うまくいったら皆さんも良いものだと感じて協力してくれます。うまくいかなければ、そもそも練り直さなければならないので、よい試行錯誤の機会が与えられたと思って感謝します。

　ちなみに、この章で扱っているミニストリーに限らず、続く章で扱っていく様々な伝道のための働きのすべてにおいて、同じことが言えます。新しいことに取り組む時は工夫が必要になります。

　それぞれの教会と牧師の皆さんに最適のやり方は、それぞれみんな違いますので、最善が見つかりますようにお祈りいたします。

【考えてみましょう】
今、新しい働きを始めようと考えた時に、そのために別の働きを整理しなければならないと感じますか？　もし感じるのならば、どのようにして調整していくことが最善でしょうか？

「入り口」としての付帯事業

　教会によっては、幼稚園や保育園のような働きを昔から行っているという場合もあります。これも、教会が主体的に関わっている働きであるならば、大いに教会の入り口として用いられる可能性があります。

　この場合も、前章で教会の現在を確認した時のように、まずはその働きがどのような背景で始まったものかを確認すると良いでしょう。設立にあたって、それこそ教会の入り口となるようにという使命を持って始まった場合もあるでしょうし、広く世への教会の善行の証しとして始まった場合もあるでしょう。誰が、どのような思いで始めたのかを確認し、また現在どのような位置づけでその働きがあるのかを知る必要があります。

　その上で、その幼稚園や保育園が教会の入り口となる使命を持っているのであれば、教会との関わりの深さに合わせて様々な形で入り口となることができます。教会学校や子ども向けミニストリーがあれば、その働きに在園児や卒園児をお誘いすることができるでしょう。また、保護者もまさに子育て世代ですから、聖書の教える家庭や子育ての学びを必要とする人も多くいるでしょう。

　幼稚園、保育園などは戦前・戦後からの、ある程度は歴史のある働きが多いかもしれませんが、ほかにも新たに使命を持って教会が付帯事業に取り組むことも多々あります。最近は特に高齢者のための働きや、貧困家庭のための働きに本格的に取り組む教会も増えてきています。NPOとして法人を設立してそれらの働きを始める場合もあります。新しい事業を始

ていく場合も、先述の通り、中心となるリーダーと準備チームの祈りと備えが不可欠です。特に「教会の伝道」という観点で言えば、それが伝道においてどのような役割を担うミニストリーとして始められるのか（あるいは関係ない働きなのか）、十分に確認しながら長期的なビジョンを持ってスタートすることが必要です。

【考えてみましょう】
付帯事業はありますか？　それはどんな使命と位置づけを持っていますか？

第3章 《ステップ2 イエス様と向き合う》
──神と人との交わりの中で

　この章では一人の人がイエス様と「向き合って」、信仰を深めていく過程で、「教会の伝道」として取り組むべきことを考えていきます。

教会が熱心であったこと

　使徒言行録の2章には、まさに「教会」が生まれた瞬間と、そこから主イエスに与えられた使命に応えて伝道が始まり、進んでいく様子が描かれています。順に見るならば以下のようになるでしょう。

　《教会が聖霊に満たされ証しする》 弟子たちが集まって祈っているところに、かねてよりのイエス様の約束通りに聖霊がくだります。そして、国々の言葉で「神の偉大な業を語っている」（11節）証しを話し始め、集まって来た人々がそれを聞きます。

　《説教が語られる》 特にペトロが（旧約の）御言葉を解き明かしつつ、主イエスの福音を大胆に説教します。

　《人々の応答》 説教を聞いた人々は感動し、「わたしたちはどうしたらよいのですか」（37節）と応答の仕方を欲します。
　ペトロが教えたのは「悔い改めなさい。めいめい、イエス・キリストの

名によって洗礼を受け、罪を赦していただきなさい。そうすれば、賜物として聖霊を受けます」という、救いの御言葉への応答の仕方でした。

結果、その日のうちに三千人ほどが洗礼を受けてまさに教会が始まりました。

《教会が熱心であったこと》　それから教会が熱心であったことは四つです。すなわち、使徒の教え、相互の交わり、パンを裂くこと、祈ることです（42節）。

使徒の教えとは、今でいうところの新約聖書の教えであり、またその基となる旧約聖書も含めた聖書の学びと実践ということでしょう。

相互の交わりとは、コイノニア（交わり）ですから、主にある信仰的な励ましと愛に満ちた時間の共有ということになります。

パンを裂くことは、愛餐と聖餐が教会の初期には明確に分かれていなかったでしょうから、広くは食事を共にする交わりだと考えられます（一コリント 11:17–34 参照）。しかし直前が「相互の交わり」ですから、通常の食事の交わり以上に、聖餐を特に意図しているとも考えられます。いわば、現在の教会でいうところの「家庭的な集会」と「共同体的な礼拝」の両者を大切にしていたということでしょう。

そして、祈ることは文字通り、一人で、あるいは二人または三人以上が集まって祈ることを指しています。

聖書、交わり、礼拝と集会、そして祈ることに、教会は熱心でした。

《しるしと生活》　さらに使徒たちによって不思議な業としるしが行われ、信者たちは財産を分け合って共同体としての生活をしていました。

《神殿の礼拝と家ごとの集まり》　教会の人々は毎日、神殿で礼拝をし、さらに家ごとで集会を持ちました。

《日々救われる人々が加わる》　以上の教会の姿を見た結果、民衆全体が好意を持って、「主は救われる人々を日々仲間に加え一つにされた」（47節）のです。

　この使徒言行録の2章全体は、「教会の伝道」の全体像を示しているといえます。
　一つは、聖霊によってなされる証しと、御言葉の説教によって、人々が心動かされ応答して救われ、クリスチャンが新たに生まれていくということです。現在の教会に重ねて言うならば、聖霊に満たされたクリスチャンたちの証しと、御言葉のメッセージに出会って人々は応答に導かれていくということです。
　そしてもう一つは、その場で信仰を持たなかったり、その場にいなかったりしたものたちも、教会が「聖書」、「交わり」、「礼拝・集会」、そして「祈り」に継続的に熱心である中で、日々救われていったということです。

　イエス様と出会った人が、即座に信仰を持つことはまれです。特に大人の場合、しかも年齢を重ねれば重ねるほど、すぐには信仰にいたらないことが多いと思います。イエス様は子どもや幼子を愛し、「子供のように神の国を受け入れる人でなければ、決してそこに入ることはできない」（マルコ 10:15）と言われました。その第一の意味はやはり、子どもが（比較的）素直に、言われたことを受け入れられるということでしょう。
　余談になりますが、以前、小学校の教諭をしている方から、この個所を評して、「私はこの御言葉は納得できないんです。何しろ子どもは思っているほど素直じゃないですよ！」と言われて、その実感のこもった言葉に苦笑してしまったことがあります。それはもちろんその通りの面もあって、子どもが無条件でなんでも受け入れるということでもないでしょう。あくまで大人との比較の問題です。また、そういう意味では子どもたちへの伝道（イエス様を伝えること）も、相手を子どもと侮らないで、一人の人格

として丁寧に向き合うことが大切なのでしょう。

　いずれにせよ、多くの人は、まずイエス様との関係を深めていく時間が、信仰を持つに至るまでに必要だということです。その時に、先に述べた使徒言行録の2章が示す教会が熱心に取り組むべきことが、そのまま生かされることになります。

　まず、イエス様と向き合う最大の方法は、やはり**御言葉に向き合う**ということに他なりません。いわば「ことば」なるイエス様と、聖書の御言葉を通して直接交わりを持っていくのです。とはいえ、極端な話ですが、ただ聖書をポンと渡して読んでもらったらよいかと言われれば、そういうわけでもありません。聖霊に導かれたフィリポに伝道されたエチオピアの高官は、「手引きしてくれる人がなければ、どうして分かりましょう」（使徒8:31）と言いました。

　聖霊に導かれて御言葉を教えてくれる人、あるいは自分自身で読んでいくことを励まし、支えてくれる存在が不可欠なのです。その最たる担い手は、もちろん牧師でしょう。また、同時に牧師は信徒の皆さんもキリストの御業を証しし、聖書の御言葉を分かち合うことができるように、教え、励まさなければなりません。

　信徒の皆さん、聞いてください。皆さんも御言葉を分かち合うことができます。説教をする必要はありません。信仰を持って聖書を共に開くなら、どんなにぎこちなくても、聖霊が働かれます。

　共に聖書を開くことを助けるテキストもたくさん市販されています。シンプルに自分の感動した御言葉を分かち合うことも意義あることです。

　もし、勇気を出して誰かに個人伝道をしたいと考えているならば、第6章に具体的な取り組みを記しました。ぜひチャレンジしてみてください。

　もちろん、最初から自分でやるのはハードルが高すぎるという方が多いでしょう。まずは、「この人と一緒に聖書を学びたい」と思いを与えられ

第3章 《ステップ2　イエス様と向き合う》

た方を誘って、牧師に学びをしてもらうのはどうでしょう。

　いずれにせよ、こうして御言葉を通して、人は神様との個人的な交わりを持つことができます。

　もう一つ、聖書は人が教会（クリスチャンの群れ）の**交わりを通して導かれていく**ことも教えています。聖霊の臨在を通して、イエス様が「おられる」交わりの中で、人は実感として主イエスを知っていくことができます。イエス様ご自身が「二人または三人がわたしの名によって集まるところには、わたしもその中にいるのである」（マタイ 18:20）と約束されました。

　また、「互いに愛し合いなさい。互いに愛し合うならば、それによってあなたがたがわたしの弟子であることを、皆が知るようになる」（ヨハネ 13:34–35）と言われました。主イエスの愛に生きようとする交わりの中で、人は主イエスと生きるということがどういうことかを実際的に知っていくのです。

　最後に人が能動的に主に交わることができる**「祈り」が重要**です。経験上、祈り始めた人の多くは、そうでない人に比べて相対的に早く信仰を告白されます。これは考えてみれば当然のことで、祈ること自体が信仰的な行為ですし、主は生きておられますから、祈り始めると祈ったことへの主の応答を現実に見るようになります。聞いていた御言葉が現実であると見るようになれば、信じない理由の方がなくなっていきます。

　また、御言葉を通して聞き、祈りを通して応答することを経験することで、信仰とは哲学的なものではなく、主と共に生きる「生き方」であると知ることができます。それは、何か「キリスト教」という宗教に入信しようかどうしようか、という悩みではなく、「応答する生き方」です。そのことが分かると、現在の日本で多くの人が恐れる「宗教」ではないと気づいて、信じて歩もうという決心をずいぶん励まされます。

これら（御言葉に向き合うこと、交わり、祈り）は教会の中でも特にどこで起きるでしょうか。それは、まさに「共同体の礼拝」や「小さな集まり」の中でなされることなのです。

　ということで、ここからは「礼拝」をはじめとして、様々な「集まり（グループ）」を通して人がイエス様との関係を深めていくために、どう取り組むことが大切かを考えていきたいと思います。

礼拝

　礼拝はまさしく主であるイエス様との交わりの時です。また、礼拝は同じ主を信じる共同体として、主の御前に立つという意味でも、先に挙げた「人と人の（主にある）交わり」の最たるものでもあります。
　それは、まだ信仰を告白していない人にとっても非常に大切な「主との関係を深める場」だと言えます。
　イエス様が神殿の境内で商売をしている人々を叱り、通り抜けようとした人々を止めた出来事（マルコ 11:15–19）は、ヘロデ大王が建てた神殿における「異邦人の庭」で起きたと考えられています。そこは、神殿の一番外側であり、「神の民」であるユダヤの人々にとっては、「重要ではない」と考えられてしまっていた場所です。だからこそ、指導者たちはそこをユダヤ人たちの礼拝のための商売（ささげるための鳩を売り、献金のための両替をする）の場所とし、また、便利な通り道として開放していたのでしょう。しかし、イエス様はそのことに憤りをあらわしました。それは、「すべての民」のための祈りの家（礼拝の場）のはずが、既に神の民とされたものたちに独占され、神を求める異邦人たちを礼拝から排除していたからでもあるのではないでしょうか。
　主を求めるものには礼拝の場が開かれていなければなりません。もし、

教会が、クリスチャンでない人々が礼拝に集おうとすることを妨げていたなら、いやもっと言えば、自分たちの礼拝にだけ目を向けて彼らの集う場所をおざなりにしているならば、そのことをイエス様は憤られるでしょう。

一方で、そこに信仰者が一人もいなければ、それは礼拝になりえません。あくまで異邦人の庭は神殿の外縁にあったのです。まず、「霊と真理」（ヨハネ 4:24）による礼拝がなされていなければ、その端に一歩足を踏み入れた人は残念ながら主との交わりを体験することなく去っていくでしょう。

実に、同じく異邦人であったサマリアの女に向けて、「霊と真理」による礼拝をイエス様が語ったことも、まだ「神の民（今のクリスチャン）」でない人がまさに礼拝に招かれていることの表れだと言えます。

霊と真理の解釈は様々ありますが、私は「聖霊の御臨在」と「真理であるイエス様への信仰」が土台にあるということだと受け取っています。そのような礼拝に集う時に、まだ信仰を持っていない人も、確かにその場におられる主に触れ、また信仰の感化を受けるのだと思います。

少し、具体的な話に入っていきましょう。

まず、クリスチャンでない人たちが礼拝に加わることができるように工夫する、ということが、教会の伝道を考えるうえで重要なことです。

既に、前章で「クリスチャンでない人も礼拝に出られる」という、クリスチャンにとっては当たり前のことも、主を求めている人には必ずしも当たり前とは限らないということを話題にしました。これは、実際に礼拝の日に教会堂に足を踏み入れて、さらには礼拝の場に入った時にも同じことが言えます。すなわち、「既に礼拝に慣れている者には当たり前のことでも、初めての人にはそうではない」ということを念頭に置いて、現在の自分たちの教会の礼拝を再点検する必要があるということです。

礼拝に初めて参加する人シミュレーション

　ここからは、皆さんの教会に、「教会にまったく初めて来た人」が礼拝に出てみようと訪れたらどうなるか、順を追ってイメージしてみましょう。自分が「教会にまったく初めて来た人」になったつもりでお願いします。

　《入り口》　あなたは今、教会の前に来ました（来られましたか？）。どんな見た目（外観）でしょうか？　入りやすそうですか？　入り口はどこでしょう？

　これは前章でも考えましたが、そもそも教会がどこにあるか、入り口がどこにあるか分かりやすくなっているでしょうか。どこかの地図に教会は載っているでしょうか。あるいはインターネット上ですぐに教会の場所をあらわす地図にアクセスできるでしょうか。地図を見て来た人は、怖気づくことなくすぐに入り口を見つけて中に入ることができるでしょうか。

　《受付》　いよいよ、教会の建物に足を踏み入れました。受付はどこでしょうか。「初めて来た人」が見ても分かりやすい受付でしょうか。あるいは、誰か声をかけて教えてくれる人はいるでしょうか。

　《礼拝堂に入る》　礼拝堂にはどのタイミングで入ったらよいのでしょうか。受付をしたらそのまま入っていいのでしょうか。誰かが許可をしてくれたら礼拝堂の中に入っていいのでしょうか。「礼拝堂はきっと教会の人にとって聖域なのだから、勝手に入ったら怒られるかも」と初めて来た人は考えることもあるでしょう。

　《座る場所》　どこに座ったらよいのでしょうか。席は自由席？　指定席？　誰か教えてくれるでしょうか。初めてだし、できれば後ろの方で様

子を見ながら参加したいという人も多いかもしれません。

　《プログラム・週報》　プログラム用紙はあるのでしょうか。多くの教会は週報などを作って、そこに礼拝のプログラムが書かれていますから、それを見ることで少し内容が分かって安心するかもしれません（逆に書いてあることが意味不明で恐怖を覚えるかもしれません）。また、礼拝前の時間はどうしていればよいのか分かりませんので、とりあえず渡された週報を読んでいるふりをしながら周りの様子をうかがうかもしれません。

　《礼拝中の挙動》　司会者が出てきて礼拝が始まりました。「賛美歌？なんか急にみんなが立ち上がった。私も立つのかしら？」礼拝中のアクション一つ一つも、初めての人にはすべて初めての体験です。

　《聖書と賛美歌》　賛美歌や聖書は受付で手渡されたのでしょうか。礼拝堂の椅子にすぐ使えるように用意されているのでしょうか。すべてプロジェクターなどで投影されている教会もあるでしょう。歌詞だけ出す教会もあれば、メロディーの部分の楽譜付きで投影する教会もあります。

　《お祈り》　司会者がお祈りを始めました。どんな姿勢でお祈りしたらいいのでしょうか。手を合わせたら仏式だからダメと言われるのでしょうか。

　《聖書を開く》　聖書を読むようです。「何とかの福音書」と言っていますが、それはいったい何のことでしょうか。ページは教えてくれないのでしょうか。ページを教えてくれても、分厚い聖書の最初の方（旧約聖書）の言われたページを開いたものの、どうもみんなが見ている所と違うようです（新約聖書だから）。あ、探しているうちに司会者の人が読み始めました。みんなはもうちゃんと開いているようです。今さら隣の人にどこですか、とも聞けないので、開いているフリをして何とかやり過ごすことに

しましょう。

《聖餐式》　おや、牧師さんが「聖餐式」というものを始めるそうです。なんでしょう。変な儀式に巻き込まれそうですが大丈夫でしょうか。そもそも私はここにいていいんでしょうか。パンとジュースが出てきました。もらえばいいの？　ダメなの？

《献金》　献金の時間になりました。これは、いくらぐらい入れたらいいのでしょうか。何やら封筒に入れている人たちもいます。私はその封筒を持ってないのだけど、どうしたらいいのでしょうか。そもそもお金がかかると思っていなかったから、財布を持ってきてない……。そんな場合はどうしたらいいんでしょう。

　……といった感じで、ご自分の教会に初めての人が来たことをイメージして、困ったり恥をかいた気持ちがしたりする時がないかを確認してみると良いでしょう。あまりにもそういうことが多いと、「主を礼拝する（主と向き合う）」という経験をするよりは、嫌な時間を過ごしたという感想だけが残ってしまうでしょう。また、逆に「これはこうして、あれはこうして」と教えてくれる人が苦手な人にとっては、それが負担になる場合もあります。難しいですね。
　大事なのは、その人の気持ちを想像してみることだと思います。

【考えてみましょう】
あなたのいる教会の礼拝に、クリスチャンでない人が初めて来た時、どのように感じるでしょうか？　礼拝に集中できる環境になっていますか？

第3章 《ステップ2　イエス様と向き合う》

霊と真理の礼拝

　また、礼拝が「霊と真理」による礼拝となるように、牧師は気をつけていなければなりません。多くの教会は礼拝に決まったプログラム（次第）があると思います。人は弱いものですから、どんなに素晴らしい信仰の方でも、慣れてしまうと時として礼拝が「プログラムが流れている場にいるだけ」のものになってしまうことがあります。その時には、そこに主の御霊が御臨在くださっていることも意識から遠ざかり、イエス様への活きた信仰もかすんでしまうということが起こりえます。

　もし、現在の教会の礼拝がそうなりかけているのであれば、生き生きとした主との交わりの礼拝を取り戻すために、何かしら対策をするべきだと思います。いろいろな可能性があるでしょう。

　たとえば、礼拝についての学びをするのは有益だと思います。特に礼拝をリードする司式者や奏楽者と一緒に、礼拝とは何かということを聖書から学ぶことができると、礼拝において大きな霊的変化が起きると思います。

　参考までに以前、私が現在の教会で礼拝奉仕者の皆さんとした学びの資料を載せます【本書49–51頁参照】。そもそも礼拝とは何か、ということから始まって、様々な礼拝のスタイルを紹介したり、そこにどんな意味や意義があるかを考えたりすることによって、礼拝に対して意識が変わってきます。

　私の仕えている教会では、パイプオルガン（の音がする電子オルガン）を用いて賛美歌を歌い、交読文や使徒信条の告白があるような、おそらく日本基督教団の教会としてはごく一般的な伝統的なスタイルの礼拝があります。一方で、夜の礼拝は「ゴスペル礼拝」と呼ばれて、ゴスペルクワイアや賛美リーダー、バンドなどが前に立って賛美を導いていくスタイルで持たれています。言うまでもなく、どちらがより良い礼拝などということはまったくありません。個人的な趣味で言っても、どちらも私は気に入っ

参考資料：

礼拝学習会　第1回　「礼拝って何？」　　　年　月　日

１．はじめに
「礼拝って何？」とあまり教会に馴染みのない人に尋ねられたら、何とあなたは答えますか？　それぞれ自分で自由に言葉にしてみましょう。

２．礼拝って何？
（１）礼拝の本質
① マタイ28章1〜10節を読んでみましょう。
- 9節にある「ひれ伏す」という言葉が、聖書の中で主に礼拝という訳に使われる言葉です。
- 婦人たちがどういう状況でひれ伏し、イエス様を拝んだのか確認してみましょう。

　…　婦人たちは墓に行き、何を知りましたか？（6節）
　…　そして、どのように感じましたか？（8節）
　…　イエス様と婦人たち、再会して最初にアクションを起こしたのはどちらでしたか？（9節）
　…　婦人たちはどのように応じましたか？　またその時の彼女たちはどんな思いだったでしょうか？（9節）

② 礼拝とは何か？
　1. 神様（イエス様）に出会うこと　　　（神様に招かれること）
　2. 神様（イエス様）を畏れ拝み伏すこと　（神様が拝まれ讃えられること）
　3. 神様（イエス様）と親しく交わること　（神様が語り、また私たちの祈りを聞いてくださること）

マルティン・ルター
「（クリスチャンの礼拝とは）私たちの主御自身が御言葉を通して語り、それを受けて、私たちが主に祈りと讃美の歌によって語りかけることに他ならない。」
（1544年の説教より）

ジャン・カルヴァン
「神は私たちにセレモニー（礼拝・礼典）を与えてくださいました。それは決してつまらないものではなく、キリストの臨在を示すものです。」
（『キリスト教綱要』より）

（2）礼拝はアイデンティティそのもの
詩編102編19節を読んでみましょう。
- 発想の転換が必要です。「クリスチャンだから礼拝しなければならない」という義務的な考え方から、「クリスチャンとは礼拝するものだ」というアイデンティティ的な受けとめになると幸いです。
- 神様は私たちを「主を賛美するために」創造されました。人は罪に落ちてその存在理由を失っていましたが、再びキリストによって神様の前に立つことの許される「聖なる者」の権利を回復しました。ですから……

1. 私たちが礼拝をするのは生きていること、存在することと同じこと。
2. 礼拝しないクリスチャンはいない。それは自分の存在否定と同じ。
3. 教会（民）とは礼拝者の群れである。

（3）礼拝者に必要なもの
ヨハネ4章23～24節を読んでみましょう。
① 霊による礼拝：聖霊に導かれる礼拝
  - 神様（聖霊）が礼拝を導かれます。
  - 神様（聖霊）が臨在しておられます。
  - 神様（聖霊）が自由に働かれます。

② 真理による礼拝：イエス・キリストという土台にある礼拝
  - 救い主イエス様によって私たちは礼拝ができます。
  - 私たちが礼拝するのはイエス様です。（＊もちろん父・子・聖霊の神です）

* 教会は2000年かけて礼拝をし続けてきました。その結果、多くの形の洗練された礼拝が生まれました。ですから、全く信仰のない者でも「礼拝っぽいもの」はできます。しかし、礼拝が礼拝となるのは以上の二点によるのです。
* また同時に、礼拝には「これでなくてはいけない」という定まったスタイルは旧約の神殿の崩壊以降ありません。イエス様がハッキリと形を定めなかったのは、まさに礼拝の命を失わないためだったのかもしれません。（スタイルについてはまた次回以降に触れます）

（4）日々の礼拝と主日礼拝
① ローマ12章1節を読んでみましょう。
- 私たちは常日頃から自分を主にささげて生きます。神様を主人として、神様と向き合い、神様に聞き、神様に祈り、神様に従って生きることです。クリスチャンの生活は全て礼拝です。
- 同時に、そのために特別に時間を設けるデボーション（個人礼拝・黙想の時）は非常に重要です。神様を第一にし、自分をささげる象徴的な行動です。イエス様も一人になって時間をとり、祈り、神様と対話をする時間を取っていました。(ex. マルコ1：35 など多数)

② 黙示録7章9〜17節を読んでみましょう。
- 個人礼拝が大切である一方で、「神の民」（先ほどの詩編102編も参照）として創造されているのですから、共同体として主を讃えることも大切です。それは、天の礼拝の前味であり、リハーサルであり、サテライト教会の礼拝のようでもあります。
- 「人が独りでいるのは良くない」（創世記2：18）と創造のはじめから、神様は私たちが共同体として生きるものとしています。私たち全てのクリスチャンは集まって礼拝をします。旧約聖書には繰り返し共同体が全て集まって神様の前に立つ様子が描かれています。(ex. 出エジプト記35：1〜2、レビ記23：1〜4 など)

3．今日の学びから
① ポイントのおさらい
  1. 礼拝とは「神様に現実に出会い、ひれ伏し、交わること」である。
  2. クリスチャンは礼拝するものである。
  3. 聖霊とイエス様への信仰によって礼拝ができる。
  4. 個人礼拝と同時に、共同体（教会）の礼拝も欠かすことができない。

② 今日学んだことから、あなたの次の礼拝（礼拝奉仕）からすべきことを書いてみましょう。

4．今後の予定
　　（第1回：礼拝って何？）　第2回：礼拝の歴史とスタイル
　　第3回：礼拝と聖餐式　　　第4回：礼拝と説教
　　第5回：礼拝の中身　　　　第6回：礼拝の奉仕者

ています。礼拝の歴史的な変化とその背景にある神学や考え方を見れば、スタイル自体の善し悪しというのは各人の主観によるもので、重要なのは「霊と真理による」礼拝であることです。聖書全体を通しても、イエス様が礼拝の仕方（スタイル）に言及している個所は一つもなく、唯一にして明確に礼拝について語っているのは「霊と真理による」ということだけなのは、礼拝を考えていくうえで、本質を見失わないようにという主のメッセージも含まれているように感じます。

　ですから、単に新しさを出したり、活気を出したりするためにスタイルを変えるのはあまりお勧めしません。

　もちろん、伝道の観点から考えて、前章でも触れたように、伝道の対象となる人々が参加する時に馴染みやすい環境を整えることは大切です。たとえば、若い人々に伝道したいならば、若い人々に「馴染みにくいと感じるところはある？」と聞いてみたほうが良いでしょう。礼拝の本質に関することは変えられませんが、思いもしなかった改善点が見つかるかもしれません。

　いずれにせよ大きな変化でなくとも、まずは自分たちの礼拝の姿を見直して、より聖霊の臨在と真理なるキリスト信仰に根差した礼拝をささげられるようにブラッシュアップしていくことを検討すると良いでしょう。

　特に聖書の御言葉と、その解き明かしの説教を通して、礼拝に集う人たちは求道者の皆さんも含めて、主と最も直接的に交わりを得るわけですから、そこを中心にしてどのように礼拝が建て上げられるべきかを考えましょう。

　ちなみに、先ほど例に挙げた私の仕えている教会では午前の礼拝において、私が着任してから小さな変化を一つ加えました。それは、説教直後にしばらく会衆の皆さんがそれぞれで静まって祈る時間を持つことです。牧師は説教終了と同時にご自身で祈る場合が多いと思いますが、私の説教はだいぶ早口なので皆さんがそれぞれに思いめぐらして、またそれぞれに主に応答するという時間をとる方が良いと考えての変化でした。もちろん、

第3章 《ステップ2　イエス様と向き合う》

皆さんがそうすると良いというわけではなく、それぞれの教会と礼拝、そして会衆にとって最善の主との交わりを考えていくのが良いということです。

【考えてみましょう】
　ぜひ、牧師はご自分の礼拝への思いと神学を分かち合ってください。最も大切にしていることは何ですか？
　信徒の皆さんも、率直に「こうすると、より霊と真理の礼拝になるのでは」と思うことがあれば牧師と分かち合ってみましょう。
　礼拝の中身について検討してみましょう。変えてみると良い点はありますか？

小さな集まり（集会・グループ）

次に礼拝以外での様々な小さなグループでの交わりについて、考えていきましょう。

先に挙げた使徒言行録2章46節には、初代教会の人々が神殿での共同体的な礼拝のほかに、家ごとに集まって聖餐と愛餐と賛美をしていたことが書かれていました。

いわゆる主日に集まる「礼拝」だけではなく、実際の教会はもっといろいろな形でイエス様と向き合うことに熱心であるべきですし、その中で「主は救われる人々を日々仲間に加え一つにされ」るのです（47節）。

私はメソディスト教会の背景で育っていますが、メソディストでも小さな単位の交わりを歴史的にも大切にしてきています。ソサイエティという地域全体での集会以外に、十二人ほどのクラス（組会）と、五〜十人でより深い悔い改めや励ましをするバンド（班会）です。おそらくほとんどの

第3章 《ステップ２　イエス様と向き合う》

教派が形は違えども、同様に小さな集まりを教会の内外で持ってきたのではないでしょうか。

　伝道を考える時に、礼拝に並んで、この小さな集まりの中でイエス様と向き合っていくことは非常に重要です。たとえば小さな単位であるからこそ、「互いに愛し合いなさい」（ヨハネ 13:34）という命令に個別に応えることができ、クリスチャンでない人たちは言葉だけではない実践を通した愛を体験することができます（ヤコブ 2:14–26）。聖書で語られている愛が、交わりの中で実践されていることを見る時に、イエス様の愛が自分に与えられているものだと信じることができるようになるのです（ヨハネ 13:35）。

　また、礼拝において、大きな共同体の中の一人として御言葉に聞くだけではなく、小さな集まりの中で聖書の御言葉に触れることで、より自分自身や個別の生活に関わる形で聖書の言葉を考えることができます。その時に、やはり人は生きて働くイエス様を見て、感じ、より深く信仰へと導かれていくのだと思います。

　さて、そのような小さな集まりですが、私なりに大きく分けてみますと二つの種類があると考えられます。一つは、「地域」で分ける小さな集まりで、もう一つは「共通点」で分ける小さな集まりです。後者の「共通点」をもう少し詳しく言えば、年齢層、文化、目的などの集う人たちの共通点別に存在するグループのことです。

　これは、どちらが優れているというようなものではなく、一人の人がイエス様との交わりを深めていく上で、どちらも有益で、伝道する教会にあるとよいものです。順に詳しく見ていきましょう。

地域的な小さな集まり（家の教会も含む）

　初代教会の様子を見ますと、誰かの家に集まって集会を持つことがし

ばしばあったようです。たとえば、ローマの信徒への手紙16章5節では、パウロの協力者として有名なプリスカとアキラの家に、教会の人々が集まっていたことが記されています。現在でこそ、いわゆる「教会堂」があって、信徒が集まるスタイルの教会が多いですが、初期の教会は「キリストの体である教会」として、他のユダヤ人の手前なかなか会堂が使えないとしても気にせず、各自の家で教会の活動をしていたのではないかと推測できます。ということは、ある意味では「地域的な小さな集まり」というのは、教会の本来的な形だということもできるかもしれません。

　そして、おそらく教会の歴史の中で「教会堂」が一般的になってきてもなお、地域や家で小さな交わりを持つことは絶えず続けられてきたことと思います。たとえば、先ほど挙げたメソディストであれば「クラス（組会）」と「バンド（班会）」と呼ばれる二つの小さな交わりがありますが、前者はまさに地域的な小さな交わりです（後者は後ほど扱う共通点ごとの交わり）。現在の教会でも、おそらく「家庭集会」と呼ばれる地域集会がある場合も多いかと思います。

　このような地域ごとの小さな交わりの特徴は、（後で触れる共通点別との違いなのですが）いろんな人が集まることができるという点です。一方で、「家庭集会」という呼称もある通り、「家庭的」な雰囲気の集会であることが多いでしょう。どちらの特徴も、伝道という面で考えれば非常に有益な部分と、注意しなければならない部分の両方があると思います。

地域の交わりの強み

　地域での小さな交わりの強みとして、まず、近くに住む人を誘いやすい、という点があります。距離というのは意外と重要な要素で、「行こうかな、どうしようかな」と考えている時に、近いかどうかは一つのポイントとなります。

　また、家でやる場合はなおさら「教会（堂）」という慣れない場所では

なく、人の家に招かれるという意味ではだいぶ心情的に参加しやすくなるという利点もあります。

「家庭的」であることも、まさに交わりの「温かみ」を感じることができる良い点だと思います。

地域の交わりの注意点

利点は同時に注意点にもなりえます。たとえば、「家に招く」と誘われた方は参加しやすいと書きましたが、これはわりと個人差があることで逆の場合もあります。私の場合は近い距離の交わりが結構苦手なので、誰かの個人的な家に行くよりも、公の教会堂の方が安心して行ける気がする方です。相手を見て誘う必要があるでしょう。

また、「家庭的」であることが、かえって排他的な印象を与えることがあります。普段から親しい関係にある人たちの家庭的な交わりに、初めての人が来た時に、まったくいつもの調子で仲間同士だけが和気あいあいと盛り上がっていたら、新たに加わろうとする人は疎外感を持つでしょう。「自分の居場所はここにない」と感じてしまえば、イエス様との交わりに加わるも何もありません。

まず慣れていない参加者を最優先に考えて歓迎していくことが大切です。

さらに深刻な状況になってしまうと、参加者が固定化され、新しい人を招こうとしなくなることがあります。これは最初から目的がクリスチャン同士の交わりである、というように決まっていればよいのですが、本来の目的が伝道であるならばまったく目的を果たせなくなってしまいます。

こういった交わりで重要なのは、集会の優先すべき「目的」を明確にしておくことです。特に長く続いているけれど、顔ぶれは変わらない集会は「集まること」自体が目的化してしまっていることがありますので注意が必要です。

【考えてみましょう】
　地域の小さな集まりはありますか？　目的意識は明確ですか？

地域の交わりの実際

　実際に私が仕えている教会で、最近新たに期間限定で行った家庭集会を例に挙げてみたいと思います。
　四年ほど前になりますが、その時は「家庭集会を始めよう」と思ったわけではなく、アルファ（アルファ・コース）と呼ばれる伝道プログラムを参考にして、伝道の働きを一つしてみようというのが始まりでした。
　アルファはイギリスの教会で生まれた伝道プログラムで、既に世界中の多くの教会で用いられており、資料も豊富にそろっています。
　「アルファというプログラムを用いて、伝道の働きをしてみたいんだけど一緒にやりませんか」と心当たりの人たちに声をかけて、まずは取り寄せた資料を用いて求道者を迎えるための準備をしました。その中で、一人の男性が「うちが使えるから、会場として使ってほしい」と提案してくれたので、喜んでお願いしました。
　また、準備をしながら生まれたコンセプトとして、自分はクリスチャンだけれども、夫はそうではない、というご婦人たちがご自分のお連れ合いに信仰を伝えたいという願いに応えるものとして考えました。アルファで出版されている資料に基づいて、食事の準備をしてくれるチーム（今回はご婦人たち）と、招いたクリスチャンでない方々と一緒に交わりをするチーム（その他の男性陣）に分かれてそれぞれ用意をしていきました。
　来てもらいたい方それぞれに招待状を出して、当日を迎えました。招待していたうちの多くの方（といっても三、四人だったと思います）が来てくださり、まずはみんなで食事をしました。そして、賛美歌を歌って、アルファから出ているDVDを使って聖書のメッセージを聞きました。

第3章 《ステップ2　イエス様と向き合う》

　その後、お茶を飲みながら、あれやこれや、とメッセージを受けての感想を話し合ったり、自由に質問を挙げてもらい私が答えたりして過ごしました。
　全部でざっと二時間ほどで終了し、そこで私は帰りますが、参加者はその後もいろいろと交わりを深めていた様子です。
　本来のアルファのプログラムでは毎週行われ、途中には宿泊して取り組む時間なども用意されているのですが、参加者の様子を考えて、ほぼ隔週での開催にして、泊まりプログラムはなしの形で行いました。
　その後、参加した方のうちから私と個人的に聖書を学ぶ時間を始める方が出てきて、一年と少し経ってお一人の方がイエス様を信じて洗礼を受けられました。信仰告白にはいたらなくても、その後も参加してくださった皆さんは、折に触れて教会の行事や礼拝に参加してくれるようになりました。

　このケースは、アルファというプログラムに基づいて、自分のアレンジでやっていますので、約一年で終了しました。その後も、参加者の方々で定期的に集まっているようですが、それは中心になってくださっている教会員の方（家を開放してくださった男性）にお任せしてあって、私は出席していません。
　これは、新たにプログラムを用いた伝道をしようと思ったら、結果的に家庭集会になったケースです。いわば、前章で扱った「入り口」となる働き（ミニストリー）が、同時に求道者にとってイエス様と向き合う場となったものです。
　このように、何かのミニストリーの中で人間関係が構築されたり、主を求める人が起こされたりすると、そこから自然と主と向き合う場となる小さなグループが始まることは多々あります。いや、むしろそうなっていくのが理想的だとも言えます。

そのほかに、地域での小さな集まりを行う上で入っているとよい、あるいは考慮すべき要素やポイントを挙げてみますと、次のようになるかと思います。

①賛美歌を歌う

　以前、アルファコースの短い説明会に出た時に、講師の方がご自分の教会で実際に行った時の経験を次のように分かち合ってくれました。参加してくれたクリスチャンではない方に感想を聞くと、最も戸惑ったのが「賛美歌を歌う」ことだったそうです。そして、最も楽しかったことも「賛美歌を歌う」ことだったそうです。

　確かに、カラオケ文化は発達していますが、日本では学校を卒業すると、なかなか皆で声を合わせて歌を歌う機会はありません。そういう意味では、賛美歌を歌うことは気恥ずかしさもありながら、新鮮な喜びを味わうことができるようです。

　特に信仰的な面でも「賛美歌」を歌うということは大きな意味があります。その歌詞には信仰と祈りが満ちていますから、自然と主を賛美することや信仰的な考え方を実体験的に知っていくことができます。

　可能ならば集会で賛美歌を歌うことはお勧めです。

②食べ物の扱い

　食事やお茶の時間を持つことの利点は、参加する人が構えずにリラックスして本音を話しやすくなることです。また、雑談を通して、その人の知らなかった点や、考えていることの大切な点に気づくことができたりします。最後の晩餐を例に挙げるまでもなく、イエス様も食べることは非常に大切にしていました。一つのモデルかもしれません。

　一方で注意すべきは準備の大変さです。先ほどの例では、期間限定で、準備段階で資料に基づいて役割分担をはっきりとしていたので大丈夫でしたが、最初は張り切って食事の準備をしても、だんだんそれが重荷になる

第3章　《ステップ2　イエス様と向き合う》

ことは大いにありえます。

できれば最初から、作らないでお弁当を買うことにするとか、決まったメニューにして作る人も順番にするとか、いっそ食べる部分はやめるとか、明確な方針を決めておいたほうが良いかもしれません。

③聖書のメッセージ

先ほどの例では、私はメッセージをせずにDVDを用いました。アルファでDVDの使用が勧められているわけではありません。むしろ、牧師のように説教者がいるならば、現場でメッセージを聞いたほうが良いと勧められていますが、今後、自分（牧師）がいなくても成り立つ伝道の交わりが生まれるように願っていたので、あえて自分で聖書の話をしないでやってみました。もちろん、牧師が自ら説教するほうが良いと感じれば、そうするのが良いでしょう。

アルファではメッセージの主題も決まっています。たとえば一回目は「イエスとは？」で二回目は「イエスの死とは？」といった具合です。どんな主題を毎回設定していくのかは、参加者の信仰的な求めの状況によって違うと思いますので、自分で設定していくとしても様子を見ながら祈りつつ決めていくのがよいと思います。ただ、行き当たりばったり的に決めていくよりは、イエス様の福音全体に触れられるように前もって大きな方針は定めておいたほうがよいと思います。

たとえば、私の個人的な感覚としては、日本の多くの人はキリスト教的な文化背景を持っていませんから、そもそも「神」という言葉の持つイメージ自体が聖書の「主」とは違う場合が多いと思います。そうであれば、やはり聖書の語る創造主としての神様や、「唯一」の主ということを最初のうちに伝えておくことは大事だと考えています。

④分かち合いと証しの機会

グループで自由に話す時間には、牧師やリーダー役の人はなるべく自分

がしゃべらないように気をつけたほうがよいと感じます。当然のことながら、まず発言を優先されるのはクリスチャンではない人です。疑問に思っていることや、感想を自由に言ってもらえるようにうながして、聞いている間は口を挟まないし、他の人が途中でさえぎったりしないように注意する必要があります。信仰に積極的に反対する意見を言われてもいったん受けとめます。むきになってそれを否定しては、次から自由に思ったことを話せなくなるかもしれません。そもそも、反対意見を言ってくれるのは、こちらを信頼して率直に話してくれている可能性が高いので喜んで受けとめましょう。ちなみに受けとめるというのは、同意するという意味ではなく、一つの意見としてきちんと聞くということです。

　また、グループに参加してくれているクリスチャンの人たちが次に優先されるべきです（つまり牧師やリーダーはグループに入ったら、聞くことを最優先にして、ひどく会話が停滞したり、あるいは本当に必要なタイミング以外はなるべく話さないのが良いでしょう）。その人たちが自分の体験や信仰を証しする機会を積極的に提供しましょう。たとえば、先ほど言ったように反対意見が出たら、「なるほど、そう考えるんですね」と受けとめた後で、「それについて、○○さんはどう思いますか」と他のクリスチャンの人に聞いてみるのも良いでしょう。

　証しの機会はできるだけ信徒の皆さんが担われるのが望ましいです。クリスチャンでない人にとって、牧師と違って自分と同じ（聖職者ではない）人の言葉なので相対的に親近感を持って聞きやすく、また証ししているクリスチャンの皆さんにとっても、主に用いていただく素晴らしい恵みの時となるでしょう。

⑤祈りの時間
　祈りの場に共にいることは、クリスチャンでない人にとって主の臨在を体験する絶好の機会です。祈る時間を集会の中に持つことが大切です。
　開会にあたって、あるいは食事やお茶をいただく始まりにあたって祈る

ことは自然な形で祈るチャンスとなります。

　また、特にお勧めしたいのは、そのような祈りの時以上に、会の終わりなどに参加者のために個別に祈ることです。たとえば「では、最後に皆さんの祝福のためにお祈りしたいと思いますが、何か特に神様にお祈りしてほしいということはありますか」と言って問いかけます。そこで、抱えている課題や、家族の病気などを教えてもらえれば、その場でそのために祈るようにします。そうでなくとも、できれば一人ひとりの参加者の名前を挙げて、その人が参加してくれたことを神様に感謝すると良いでしょう。

　祝福されることを嫌がる人はほとんどいませんから、「どうぞ目を閉じて、それぞれの祈りのスタイルでいいですから、心を合わせてください」と言って祈り始めれば皆さん静かに加わってくれると思います。ぜひ、祈りましょう。もちろん、参加者でお祈りできる方がいれば、お願いするのもとてもよいと思います。

【考えてみましょう】
　ここで挙げた各ポイントについて、現在の教会の中にある交わりのグループではどうかを分かち合ってみましょう。

共通点によるグループ

　次は共通点によって集う小さな集まりについて考えてみます。

　共通点にもいろいろありますが、最初に注目されやすいのはやはり性別、年齢、配偶者の有無といったところでしょうか。たとえば、日本基督教団の教会では多くの場合、「婦人会」と呼ばれる女性たちの会があります。こうなると「小さな交わり」とは言えないかもしれませんし、教会の規模によってはそもそも婦人会のメンバーが何十人といて、ここで話題にしているような交わりとは違う場合もあるでしょう。

ほかに青年会と呼ばれる青年たちの集まりもあります。この場合は基本的に年齢による分け方だと思いますが、意外と「何歳までが青年なのか」というのは笑い話のようにしてよく議論になるところで、面白いことに年齢というよりは「結婚すると抜ける」という雰囲気があったりします。

　再三触れていますが、メソディスト教会では「バンド（班会）」と呼ばれる、五〜十人くらいの小さな交わりの伝統がありました。男性バンド、女性バンド、若者バンド、既婚者バンド、独身者バンドなど、まさにいろいろな共通点による交わりです。ここでは、個人的な罪の悔い改めや、信仰的な良い生活を互いに励まし合うことを目的として集まりました。ただ、歴史的な面で言えば、メソディスト発祥のイギリスや、発展の地である北米などは背景的にキリスト教文化でしたから、現在の日本でいうところの伝道的な目的での交わりというよりは、メソディスト的な信仰復興のために大いに用いられたというのが実際であったと思います。

　最近ではセルグループとかスモールグループと呼ばれる、小さな交わりが注目されてきました。いくつもこの働きについて出版物があり、提唱する方も多いですが（あるいは多いので）、すべてに共通した定義はないように思います。

　たとえば、セルグループという呼称では「セル（細胞）」という通り、「キリストの体」としての教会のありかたに注目し、いくつもの小さなグループが組み合わさって教会を形作っているという視点を持っています。この視点に強調点を置いて教会形成をしている教会では、基本的にすべてのメンバーがいずれかのセル（グループ）に属していて、各グループは「小さな教会」のような存在として考えられます。そのグループの中で、本書全般で扱っているような伝道もなされるし、互いに祈り合って牧会もなされます。もちろん教会全体が集まって行う主日礼拝はありますが、あくまで基本単位は各セルグループであって、主日の礼拝はそれらのグループが共に集って礼拝するという姿となります。

もし、グループの人数が増えてきたら、肉体が細胞分裂をして成長するように、次々と新しいグループを生み出していきます。「分裂」という言葉が物騒に感じますが、決して悪い意味ではなくて、新しい交わりを次々と「生み出していく」という点が大切となります。

　一方で、既存の教会が一気にそのような教会に変身するのはかなり難しいので、これまでの祈祷会や聖書研究会、あるいは家庭集会や伝道集会などの各集会を「○○グループ」と名前を変えて活性化させる動きもあります。

　私の仕えている教会では、私が着任した時点で既に既存の婦人会や壮年会、そして青年会といったグループは解体されていて、「ライフグループ」という名前で様々なグループでの交わりが始まっていました。

　当初は、セルグループのような概念を目指していましたが、受洗者が増えなければ、そもそも母数が増えないのでグループが増えることに意味がないことに気づき、無理にグループを増やすことは考えなくなりました。そして、各グループで自由に方向性を決めてもらい、あるグループは聖書を読んで互いに分かち合い祈り合う会を持ったり、別のグループは日曜の礼拝後に昼食を一緒にとって近況を分かち合い祈り合う会を持ったりするようになりました。共通して、互いに祈って「主によって養われる場」とする意識を持ってもらうことだけ強調しています。こうした各種のグループに、求道者で年齢や雰囲気が近い方を紹介して、教会の中での居場所を増やせるようにと心がけています。

　また逆に、前章で紹介したような入り口となるミニストリーで集まってきた人たちから、自然とグループが生まれることもあります。

共通点によるグループの強みと注意点

　共通点によるグループの利点は、それぞれが「共通」している部分があるので、それに該当する人を誘いやすいという点が最も大きいと思います。

たとえば、年齢別であれば、やはり若い人は若い人の集まりに行きたいと思うことが多いですから、「同じくらいの（年齢の）子で集まっているよ」と言えば集いやすいでしょう。

また、話題も共通しますから、コミュニケーションをとって、信頼関係を築いていくことが容易になります。やはり、信頼関係の中でこそ、信仰は育まれます。

ちなみに、最近はユース（若者）向けのアルファもあるそうです。他にも若者向けの取り組みについて書かれた本がたくさんあります。興味のある方は探してみてください。

注意点は基本的に地域でのグループの場合と同じです。すなわち、目的があいまいになってしまうと、惰性で集まるグループになってしまいますから、伝道の意識を持って目的をしばしば確認していくことです。

【考えてみましょう】
共通点による小さな交わりのグループがありますか？　どのような目的意識がありますか？

グループの実際の進め方

実際にグループを始めるにあたって最初にするべきなのは、ミニストリーを始める時と同様に「リーダーを立てる」ことです。

既に教会の中にある集会をもとにするのならば、これまでのリーダーにリーダーをお願いするのが自然でしょう。ただし、求道者が信仰に導かれるようにということを目的に新たなスタートをするのならば、牧師や担当者は当然そのために前もってリーダーとよく一緒に祈って話し合うことが必要です。第5章でリーダー育成についても書いていますので、そちらもご覧ください（本書92頁以下）。

第3章 《ステップ2　イエス様と向き合う》

　まったく新しく、求道者の受け皿となるグループを作るのならば、そのリーダーは、祈りつつ慎重に決める必要があります。一つの例となるのは、使徒たちがステファノたち七人を、人々の新しいリーダーとして立てた個所でしょう。「兄弟たち、あなたがたの中から、〝霊〟と知恵に満ちた評判の良い人を七人選びなさい」（使徒6:3）と使徒たちは言っています。選ぶ基準は「聖霊に満ちていること」と「知恵に満ちていること」、そして「評判の良い人」です。

　聖霊に満ちていると言っても、特別な賜物が与えられているのでもなければ聖霊は目に見えませんから、判断が難しいですね。これは最終的には、やはり牧師がその人の信仰的・霊的な状況をよく見て考えるよりほかないのかもしれません。もちろん牧師との相性云々ではなく、主に応答する信仰の状況に目を留めて判断します。
　知恵に満ちているというのは、言うまでもなく学歴があるとか、勉強が得意とかそういうことではありません。賢明に物事を判断する力があるということです。また、教会の秩序を謙遜に見極めることができる人でなければなりません。牧師のイエスマンでは相応しくありませんが、牧師に与えられた召命が主からのものとして認められる人でなければ、教会に混乱を招くことがあります。
　最後に重要なのは「評判の良い人」だということです。ある先生は「ある人についていく人たち（フォロワー）がいるならば、その人は既にリーダーだ」と言いました。その人がリーダーならば、グループの人たちが納得するということが大事です。
　この時に注意したいのは、「すべての人から評判の良い人」はまずいない、ということです。イエス様ですら、後に従う人と共に、強烈に反対する（ファリサイ派や律法学者、議員といった）人たちがいました。単に誰からも好かれも嫌われもしない人を意味するのではなく、認める人々がいる、ということが大切です。必ずしも、人々の目から見てしっかりしてい

るな、という人が選ばれるとは限りません。リーダーにもいろいろなタイプがありますから、周りが「支えなきゃ」と言ってついていくリーダーもいます。慎重に選ぶべきですが、思い切りも大事ですし、何より主の導きを大切にしてリーダーに立ってもらいましょう。

　さて、実際のグループの内容は、様々な出版物が出ていますから、遣わされている教会と各グループの状況に合わせて最善のやり方を模索していくのがよいと思います。
　基本的には、地域の交わり同様に、賛美、聖書、分かち合いと祈りの時間があると良いでしょう。それに加えて、共通点「らしい」部分があると、なお良いでしょう。運動好きが共通点なら運動する時間。子育て中のお父さんお母さんなら、子育て関係の信仰書を一緒に読むとか、子どものために祈り合うことも良いでしょう。
　参考までに、以前、新しいグループリーダーたちから、「マニュアル的なものがほしい」と言われた時に作ったものを資料としてつけてみます【本書68–70頁参照】。
　とはいえ、「あくまで参考程度なので、この通りにやる必要はまったくありません」とリーダーの皆さんには伝えています。そして、実際に皆さんマニュアルにはとらわれずに自由にやってくれています。

第3章 《ステップ2　イエス様と向き合う》

参考資料：

ライフグループ・リーダーの手引き

二人または三人がわたしの名によって集まるところには、わたしもその中にいるのである。（マタイ18：20）

<ライフグループの目的>
何のために集まるのか？　それは「主によって養われるため」です。
ライフグループは信仰の養いの場です。少人数で御言葉を分かち合い、祈り合うという交わりを通して、主がその場に共にいてくださいます。

<リーダーの働き>
ライフグループ・リーダーの働きは主に以下の二つです。

1. <u>グループメンバーとの連絡</u>
   集まる日程を決める連絡や、足の遠のいているメンバーに声をかけたりするのがリーダーの働きです。

2. <u>グループ集会での司会</u>
   どのように進めるべきか迷わないように、指針となるマニュアルを以下に書きます。
   書かれてある通りに読んでいっても構いません。
   あくまで指針ですから、好きなように自分のやりやすい形に合わせてアレンジして使ってください。

<集会の手引き（マニュアル）>
0. <u>前準備</u>
   ・メンバーに連絡して集まる日時を決めましょう。
   ・当日は、必要であればお茶や、お茶菓子を用意しておきましょう。
   　（持ち寄りをよびかけるとよいでしょう）
   ・メンバーが集まってきたら、お互いに声をかけ合い、挨拶しましょう。

1. <u>はじめに</u>
   ・時間になったら、「そろそろグループ集会を始めましょう」と声をかけてください。
   ・司会者として挨拶しましょう。「皆さん、今日も集まることができて感謝です。

始めましょう」
- はじめての人や久しぶりの人を歓迎しましょう。必要なら自己紹介もしてください。

2. <u>賛美しましょう</u>
　好きな賛美歌（もしくはワーシップ・ソングなど）を一曲賛美しましょう。（必要ならば、ヒムプレイヤーを使ってください。伴奏はなくても大丈夫なら必要ありません）

3. <u>開会のお祈り</u>
　「では、聖書を一カ所読んで、祈って始めます」→マタイ18：20（上記）を読んで祈りましょう。

4. <u>聖書を読みましょう</u>
- 最近の週報を持ってきて、「今週説教」（週報に掲載される礼拝説教の要約文）を使いましょう。
- まず、聖書箇所を開いて読みましょう。（一節ずつ輪読するとよいでしょう）
- 次に、「今週説教」を読んでみましょう。（これも一項目ずつくらいで輪読するとよいでしょう）
  * もし、グループのメンバーが皆同じデボーション箇所を読んでいるとか、同じデボーション誌を使っている、という場合は、その当日の箇所を皆で読むことにしてもよいです。
  * それ以外にも、何かサブテキストを使って、聖書を読んでいくことを皆が望めば、それでも構いません。

5. <u>御言葉の分かち合いをしましょう</u>
- まず、今読んで疑問に思ったり、特に感じたりしたことや、説教を聞いた時の印象などがある人がいるか、尋ねてみましょう。（長くても5分くらいで）
- 次に、「今週説教」の「思い巡らしましょう」の質問を見て、それぞれ思い巡らす時間を持ってもらいましょう（1分くらい）
- 続けて、思い巡らしたことを、質問に答える形で順番に聞いていくとよいでしょう。できるだけ皆が話すチャンスがあるようにしましょう。よく分からない、という場合は無理に話す必要はありません。（この分かち合いは好きなように時間を配分してください。盛り上がれば長くなってもよいですし、

いまいち皆がピンと来なければ、無理に引き延ばさず分かち合いの時間を終わりましょう)

6. 近況報告と祈祷課題
   近況報告と、祈祷課題をあげましょう。
   * 一人の近況報告があまり長くならないように気をつけましょう。場合によっては最近起こった一番大きなこと、一つだけを話してもらうようにしてもよいでしょう。
   * ただし、緊急かつ重大な用件の場合はじっくり聞きましょう。
   * 祈祷課題は、「感謝の祈り」も含みます。「お願い」である必要はないので注意してください。(たとえば、「特に祈ってもらわなければならないことは思いつかない」という人には、「じゃあ何か嬉しかったことはある？それを神様に一緒に感謝しましょう」とふってあげるとよいでしょう)
   * 人数が多い場合は二、三人ずつに分かれて、近況報告と祈祷課題をあげましょう。(何人以上になったら分かれて祈ります、というように分かれる人数を前もって決めてメンバーに言っておくとよいでしょう)

7. 祈り合い
   ・二人の場合は、互いの祈祷課題のために祈りましょう。
   ・三人以上の場合は、右隣の人のために順に祈りましょう。(同じ内容を皆で繰り返して祈る必要はありません。隣の人の課題だけ祈りましょう)
   ・教会のためにも祈るようにしましょう。
   ・祈り終わったら、「主の祈り」を一緒に祈るか、「ありがとうございました」とお互い挨拶して終わりましょう。
   ・閉まりが悪いように感じる場合は、最後にみんなで賛美歌を一曲歌って、閉会祈祷を誰かにしてもらって終わりにしてもよいでしょう。

8. 連絡・報告
   ・必要であれば、次回の日程を決めましょう。
   ・教会の集会など、連絡して誘い合いましょう。

終わり。

第4章 《ステップ3　イエス様を主と信じる》
──悔い改めて福音を信じる

　この章では一人の人が「イエス様を主と信じる」時に果たすべき、教会の伝道の働きを考えていきます。

　イエス様と出会い、その信仰を深めてきたものが、「心で信じて義とされ、口で公に言い表して救われるのです」（ローマ 10:10）と教えられている通り、明確に自分の信仰を告白することを助けるのは、教会の伝道に不可欠な働きです。
　ここでは人がいよいよ信仰告白と受洗を決心するにあたって、教会が確認すべき点についてあらためてまとめておきたいと思います。最終的には牧師や役員・長老会が確認しなければならない点ですが、そうでない信徒の皆さんもよく知っておきましょう。

　イエス様はその公生涯の初めに、まず次のように言われました。「時は満ち、神の国は近づいた。悔い改めて福音を信じなさい」（マルコ 1:15）。福音書記者のマルコは、まさにこの言葉こそイエス様の生涯を通してのメッセージだと受けとめて、始まりに書き記したのではないでしょうか。救い主であるイエス様をお迎えするにあたって、「悔い改めて福音を信じなさい」という言葉こそ、教会が人々に救いを受け取る信仰として明確に伝えるべきものだと思います。

第4章 《ステップ3　イエス様を主と信じる》

　第一に**罪を悔い改める**ことです。そのためには、まず聖書の語る「罪」とは何かをよく伝えなければなりません。

　求道者の方と学びをしていて、「罪って何だと思いますか？」と聞きますと一般的に多いのはやはり「犯罪」のイメージです。世の中の法を犯すことが「罪」であるという認識です。また、「煩悩」という言葉は広く使われていますから（聖書における罪とは違いますが）、そういう意味で内面的に良くないことを考えるというのも罪じゃないか、と考えている方も少なからずいます。

　もちろんほとんどの犯罪はそのまま罪ですし、一般的に「悪いこと・悪い思い」と考えられていることも罪であるのは確かですが、聖書の語る罪は、まず神様との関係で語られるべきものです。この点について、きちんと確認しておく必要があります。私はローマの信徒への手紙1章28–32節を開いて、罪の根本にあるものと（28節）、そこから出るあらゆる罪（29–31節）、そしてその結果と人の現実（32節）について説明するようにしています。

> [28]彼らは神を認めようとしなかったので、神は彼らを無価値な思いに渡され、そのため、彼らはしてはならないことをするようになりました。[29]あらゆる不義、悪、むさぼり、悪意に満ち、ねたみ、殺意、不和、欺き、邪念にあふれ、陰口を言い、[30]人をそしり、神を憎み、人を侮り、高慢であり、大言を吐き、悪事をたくらみ、親に逆らい、[31]無知、不誠実、無情、無慈悲です。[32]彼らは、このようなことを行う者が死に値するという神の定めを知っていながら、自分でそれを行うだけではなく、他人の同じ行為をも是認しています。（ローマ1:28–32）

　いきなり「あなたは罪人です」と言われても、何のことやらピンとこないし、悪口を言われたように感じて心を閉ざしてしまう人が多いでしょう。

しかし、この個所を開いて説明すると、たいていの方は納得されます。特に 29–31 節の内面的な罪の思いのリストを順に見て、一つもないという人は今までは一人もいませんでした。むしろ、多くの人が「この中の一つもない人なんていないでしょ！？」と言います。

ただし、そういった内面的な問題は「人に迷惑をかけなければいいじゃないですか」と言って、罪として認めたくはないという方もあります。また、それらの一つ一つの罪の源に「神を認めようとしない」(28 節) ということがつながっていることに関しては、それとこれとは別ではないか、と考える人もいます。また、書いてあること自体は理解できるけど、いまいち「自分の罪」と言われても現実的な問題としてはピンとこない、という方も多いです。

そういった疑問が出てくることは非常によいことです。主の導きで真に「罪」を悟った時に、ぐっと信仰の決心に導かれると思います。「では、これからそのあたりのこと（罪のことや、不信仰のこと）について、学んでいきましょう」と言って、その場でも、その後でもじっくりと御言葉を開きながら伝えていくことが必要です。

逆に自分の「罪意識」がすごく深い人もいます。そういう方は先の個所を開いて説明すると、「本当に自分のことだ」といって受けとめられます。その時は、短くてもきちんと「主は悔い改める時に赦してくださる」ということをお伝えして、一緒に悔い改めの祈りをするべきです。そして、相応しい御言葉を開いて（ヨハネ 3:16–18、一ヨハネ 1:9 など）、主の赦しの約束をお伝えしましょう。

いずれにせよ、罪を知り、それが自分にあると認め、主に悔い改めることができることが必要です。

第二に**福音を信じる**ことです。

「福音」は非常に広く、深いものですので、定義の幅も大きいと思います。ですが、ここでは「悔い改めて」福音を信じなさいですから、特に

第4章 《ステップ3　イエス様を主と信じる》

「父なる神様が、主イエス様を十字架にかけて私たちの罪を赦してくださり、永遠の命を与えてくださった」ということで良いでしょう。もちろん、牧師それぞれの解釈がありますので、各教会の中で「ここまでは信仰告白の前提として必ず伝えるべき『福音』だ」という内容が、牧師からきちんと共有されていればよいと思います。

いずれにせよ、それらの福音を、御言葉を通してよくお伝えし、信じる決心をうながすことが必要です。

一つの参考として、教会の初期に迫害下にあったクリスチャンたちが、秘密の符丁として用いていた「魚（ギリシア語＝イクスース）」は、イエス様をどう信じているかを確認する上で短く用いやすい言葉だと思います。ギリシア語で魚を意味する「イクスース」のつづりは、「イエス、キリスト、神の、子、救い主」の頭文字を並べたものです。

イエス様を、旧約から新約へと聖書が一貫して証ししている「キリスト」であり、人となられた主である「神の子」であり、罪を赦して命を与える「救い主」である方、として信じることを確認しましょう。

イエス様が地上の生涯を歩まれていた当時に多くの人々がそうであったように、「立派な先生」としてイエス様を信じることはごく簡単です。しかし、それは聖書が証ししようとしている「イエス、キリスト、神の、子、救い主」という姿とは違います。救いの良い知らせ（福音）の内容を丁寧に伝えて、主イエスへの信仰を告白できるようにお支えしましょう。

聖霊に満たされたペトロの説教を聞いて、多くの人が主に応答したいと感じました。そのやり取りが以下のように記されています。

> 人々はこれを聞いて大いに心を打たれ、ペトロとほかの使徒たちに、「兄弟たち、わたしたちはどうしたらよいのですか」と言った。すると、ペトロは彼らに言った。「悔い改めなさい。めいめい、イエス・キリストの名によって洗礼を受け、罪を赦していただきなさい。そ

うすれば、賜物として聖霊を受けます。この約束は、あなたがたにも、あなたがたの子供にも、遠くにいるすべての人にも、つまり、わたしたちの神である主が招いてくださる者ならだれにでも、与えられているものなのです。（使徒 2:37–39）

ここでもやはり、ペトロは悔い改めることと、イエス・キリストを信じて洗礼を受けることを、応答として命じています。教会は使徒ペトロから引き継いだこの勧めを、同じように信仰を持とうとする人々に伝えます。おもに牧師が担うことが多い務めだと思いますが、牧師の伝道の一つのクライマックスだと言えるでしょう。
具体的なプロセスの進め方は第6章の個人伝道で詳しく取り扱います。

信仰告白や受洗の決心のうながしは、牧師だけではなく信徒の方々も担うことが多々あります。「それは牧師の役割で、信徒がやってはいけない」とさえ思っている方もいたりしますので、そんなことはないと伝えることや、むしろ積極的にそれを励ますことも牧師の大切な務めです。そのようにして信徒の方の導きで信仰告白や受洗の決心をされたと聞いた際も、その報告は共に喜んで受けとり、同時に牧師は牧師としてあらためてその信仰告白の内容を確認します。先に挙げたとおり、罪の悔い改めがあいまいになっていないか、主イエスへの信仰があるか、よく確認し、不確かな部分は御言葉の学びを通して補っていきましょう。その時に、可能ならば導いた信徒の方に同席してもらうことが良いでしょう。一緒に喜ぶことができます。

【考えてみましょう】
（牧師の場合）どのような方法で信仰の確認をされていますか、ぜひ教会の皆さんと分かち合ってみてください。
信徒の皆さんも、それぞれの受洗決心をした時どうだったか、思い

出を分かち合ってみましょう。

受洗準備

　洗礼の準備としてしなければならないことは、教会や牧師によって考え方に幅があります。手続き的な面では、教派や教団によって差が出るでしょう。とはいえ、多くの教会は役員会や長老会といった承認を受けるべき場が決まっているでしょうから、必要な学びを経て相応しい手順で進めていけばよいことと思います。各教会のルールや伝統があるでしょうから、牧師はそれに基づいて、自分の神学的な理解に合わせて手続きをします。牧師は、洗礼志願者が洗礼を受ける信仰的な準備ができていることを、必要に応じてそこ（役員会や長老会）できちんと分かち合う必要があるでしょう。その際、先述のように「（洗礼志願者が）悔い改めて福音を信じていることを告白している」といったような、ある程度明確な基準があると良いでしょう。そうでない場合、「長く教会に通っているから」とか、「信仰の熱意を感じるから」とか、「劇的な出来事があったから」といった主観的で恣意的な理由で、ある人には洗礼を認め、別の人にはそうではない、ということが起こってしまいます。

　私はクリスチャンホーム育ちで十代の半ばで信仰告白をしました（幼児洗礼を受けていましたので、信仰告白式を行いました）。しかし、個人的な、そして深い、罪からの回心の時というのは、それからしばらく経って大学生時代にありました。それでは、それまでは悔い改めていなかったのかと言えば、そんなことはなく、教会で教えられていた通りに悔い改めの祈りをすることは確かにありました。今、振り返ってみますと、最初に信仰告白式をした時点でもしっかりと信仰を持っていましたし、主の約束によって救われていることは確信していました。

　しかしそれまでの悔い改めが「（私も含めて）すべての人の救いのためにイエス・キリストは十字架にかかられた」という大きな理解の中でのも

のだったのに対して、大学時代に「私のこういった罪のために、イエス・キリストは十字架にかかられたのだ」という、より深く個人的で体験的な悔い改めが起こったということなのです。

こういったことは、クリスチャンホーム育ちや、小さいころから教会に通っていた人には、よく起こることだと思います。

一方で、ある程度成長してから、一代目の（つまり家族で最初の）クリスチャンになったという人は、最初に深い罪の自覚と悔い改めの経験や、劇的な主との関わりの経験があって信仰を持ったというケースが比較的多いものです。この両者の違いは意外に大きく、お互いの信仰の歩みの体験が違うので、意識しなければ相手の信仰の感覚を理解できないということがあります。

たとえば、教会で幼いころから育っていると、いわゆる「クリスチャン的」な言動という自分の中での常識のようなものがありますから、受洗志願者の「クリスチャン的でない」と「感じられる」部分を見て不適格だと決めてしまうことがあります。

逆に、強い信仰体験があってクリスチャンになった人は、クリスチャンホーム育ちで「自然と信仰を持っています」という人に対して「何か証しになるような特別な体験がないのに、そんなわけない」と考えてしまう場合があります。

もちろん、あまりに信仰者として逸脱している部分があるならば、考慮すべきですが、ペトロは感動した三千人たちの言動をチェックして、クリスチャン的なものにだけ悔い改めて洗礼を受けるように勧めたとは書いてありませんから、むしろ、「父と子と聖霊の名によって洗礼を授け、あなたがたに命じておいたことをすべて守るように教えなさい」（マタイ28:19–20）という順序通り、信仰の「告白」によって洗礼を授け、それから教え導いていくという順序が相応しいのではないかと思います。

この基準は、牧師や教会それぞれによって細かい差異があります。違いがあるのは何ら問題ないのですが、教会では牧師の神学と教会の伝統や規

定をよく相互確認し、各教会としての基準を明確にしておく必要があると思います。

【考えてみましょう】
受洗に向けての手続きのガイドラインが教会にはありますか？　あるとすればどんなものですか？　ないとすれば、どのようなものがあると良いでしょうか？

洗礼を授けるタイミング、年齢

　子どもに洗礼を授けるタイミングについても、教会や牧師によって見解が違うと思います。鈴木崇巨牧師は『牧師の仕事』（教文館、2010年）の中で以下のように書いています。

> 「自覚的に自分の意思で願う」ということを考えれば、思春期を一つの目安にできるのではないでしょうか。思春期はもちろんその子によって年齢は異なりますが10歳から12、3歳に始まるのではないでしょうか。この年齢の子が洗礼を志願した場合、どうして断ることができるでしょうか。そもそも洗礼は全ての人々に推奨すべきもので、なん人もこの恵みから除外されることがあってはならないものです。今後もいわゆる成人洗礼の最低年齢基準は議論が続くでしょうが、何歳からという基準を確定することは困難だと思われます。（『牧師の仕事』128頁）

　ユダヤでは十二、三歳が「成人式」ですから、この論は聖書的世界観での伝統には合っていると言えるでしょう。あるいは、もっと年齢が低くても、子どもたちなりの信仰告白を尊重する場合もあるでしょう。
　私の場合は、年齢以上に日本の教育制度と文化の背景を鑑みて、年齢と

いうよりは中学生にあがる前に教会に集っている子どもたちには、信仰の確認と受洗の勧めをしています。

　というのは、先述のとおり、教会学校関係者の中ではしばしば「中学の壁」と呼ばれている、小学生まで教会に来ていた子どもたちが中学に入ると来なくなる現象があります。一つには学校の部活動が始まり、日曜にもそれが行われるという背景があること。そして、小学生までは親について行動していた子どもたちが、中学生からは自分の好きなことを優先するようになることなども、そうなる理由だと思います。

　それぞれが自分たちで行動を選択し始める時期であるからこそ、この中学にあがる前のタイミングで私は声をかけるようにしています。子どもたち自身に「イエス様のことを信じている？」とか、「これから信仰を持って歩んでいこうと思っている？」ということを率直に聞きます。そして、信仰を持っていたり、持っていきたいと考えていたりする子どもたちには学びを始めることを勧めます。

　その際、クリスチャン家庭の子どもたちならば、親御さんたちにも一声かければ大抵は喜んで受けとめてくださるでしょう。一方で、クリスチャン家庭でない時は、学びをする中で原則的に家族にも本人から話すように約束をします。ある意味では、大きなチャレンジになりますが、まさに自分の意志で信仰を持って生きていく一歩として、大切な経験と証しの時になります。もちろん、その時点でそれはできないと諦める子どももいます。その場合は、そのことで信仰を失ってしまうことがないように、よく励ましてあげる必要があります。また、公の告白や洗礼ができなくても、告白の祈りを主が聞いてくださっていることを、教える必要があります。

　また、通常より幼くとも、明確な理解と信仰があり、病気など特別な理由がある場合は、臨機応変に考えていくことが良いでしょう。

　ほかに（私自身もそのケースでしたが）幼児洗礼を行っている教会もあるでしょう。幼児洗礼を受けた子どもたちの、信仰告白式（堅信礼）に向けての準備となる学びも、基本的には受洗に向けた内容と同じものになり

ます。

【考えてみましょう】
洗礼を受ける年齢について、皆さんの教会ではどのように考えられているでしょうか？

受洗前に起きる様々な課題

　信仰告白をして、洗礼を受けようと決意してから、何事もなくスムーズに洗礼の日を迎える人ばかりではありません。実際は、受洗の決意をしてから、実際の洗礼式までに様々な理由で予定を延期したり、残念なことに断念せざるを得なくなったりするケースもあります。
　一番多い理由は「家族の反対」でしょう。特に未成年の場合は、私は原則として保護者に許可を得てから洗礼を受けるように話しています。信仰は各個人の人権にも関わるものですから、本人の意志が明確ならば洗礼を受けることを親でも妨げるのはおかしい、という考え方もありますが、私個人の見解としては、やはり保護者の納得を得ていくことが証しともなり、望ましいと考えています。
　その家族と信頼関係を築けているのであれば、個人的に家族と話して、許可をもらえるように働きかけることもできます。反対とまでは言わなくても、「クリスチャンになると将来に不利益があるのではないか」といった心配を持っている家族がいる場合は、会って説明をするか、手紙や文書で説明をするようにしています。
　家族の反対から未成年の間の受洗をあきらめる場合も、やはり個人的な信仰の告白を主は受け取ってくださり、憐れみをもって導いてくださるということを本人に伝え、忍耐強く時を待つことができるようにと励まします。また、一足早く洗礼を受ける仲間たちなどがいる場合も、洗礼を受けられないことで引け目を感じることがないように本人と仲間たちにも声を

第4章 《ステップ3　イエス様を主と信じる》

かけるようにします。

　実は、家族の反対は未成年に限りません。若い青年でも、年配の方でも、保護者だけでなく配偶者などから反対を受けるケースがあります。その場合も、できる限りよく説明をし、祈って本人を励ましていく必要があります。

受洗前にクリアにしておきたい課題

　受洗の決意をする上で心配したり、準備の段階でうやむやに進めると良くなかったりする課題がいくつかあります。これらに関しては、各教会での牧師の神学的理解や信徒の皆さんの思いを互いに分かち合っておく機会を作るとよいと思います。

①お墓はどうなるのか？

　地域差もあると思いますが、現在の私のいる教会では「お墓問題」は本当に多くの人が心配して聞いてきます。つまり、クリスチャンになったら先祖の墓を放棄しなきゃいけないのか、とかお墓参りにいったらダメなのか、などといったことです。

　返答は牧師やクリスチャンごとの考え方があるでしょうから、それを明確にお伝えしておくのがよいと思います。

　ちなみに私はアブラハムのサラの葬り（創世記23章）や、エジプトから帰る時のヨセフの骨の話（出エジプト記13:19）などして、先祖崇拝は絶対いけないけれど、故人を大切に考えることは人間の自然な感情だから何も問題ないと答え、放棄する必要はまったくないし、よく管理されたらいい、と言っています。また、お墓参りも、その場に行って聖書の神様にお祈りできるのは（他の家族がクリスチャンでないなら）あなたしかいないのだから、思う存分お墓で主に祈ってきてくださいと答えています。

②宗教行事はどうなるのか？

一番よく話題になるのはやはり葬式でしょうか。仏式の葬儀に出ていいのか、その際に焼香はどうなのか云々と心配される方もあります。お盆なども本格的にいろいろな祭儀をするお宅もあったりします。これもそれぞれの教会や牧師の考え方をお伝えするので良いでしょう。ついでに「牧師によって考え方が違う場合はあるけれど、それぞれの確信によるものだから（ローマ 14:5, 23）、神様と当事者であるクリスチャンとの間での確信を尊重します」ということを、私は話すようにしています。逆に「私はこう確信しているから、他の人の確信は間違った信仰だ」となると良くありませんので、互いに裁くことがないように注意しましょう。

③献金はどうするのか？

私はまず献金が「会費」のようなものではなく、主からすべてのものを与えられていることへの感謝と献身の証しだということを話します。また、具体的にどんなことに使われるのかもお話しします。そして、十分の一献金についてレビ記 27 章 30 節とマラキ書 3 章 10 節から説明し、基本として伝えます。さらに、コリントの信徒への手紙二 9 章 7 節を開いて、惜しみながら出すくらいなら良く考えて、こうしようと心に決めた額をささげると良いと言います。また、配偶者がクリスチャンでない場合は、いきなり十分の一を献金すると家庭崩壊の可能性があるから勧めないと話します。

これも本当に各教会と牧師の指針で説明するべきことでしょう。

【考えてみましょう】

それぞれのお墓、葬儀や地域・家庭の祭儀、献金についての理解や考え方を分かち合いましょう。

第5章 《ステップ4　イエス様と共に生きる》
——信仰生活トレーニング

　この章ではイエス・キリストを信じ、洗礼を受けてクリスチャンとなった人が、信仰者としての歩みを確かなものにしていくにあたって、教会がなすべき働きについて考えていきます。

　マタイ福音書の終わりにイエス様が教会に残された命令は「あなたがたは行って、すべての民をわたしの弟子にしなさい」でした。自分の意志でイエス様に従っていこうと告白して公に洗礼を受けたクリスチャンはみな、既に弟子としての歩みを始めています。しかし「洗礼を受けて弟子になったから、もうゴール」というわけではありません。「父と子と聖霊の名によって洗礼を授け」に続いて、「あなたがたに命じておいたことをすべて守るように教えなさい」と語られている通り、「主に従う生き方」を実際に身につけていくことが大切です。

　イエス様は「弟子は師にまさるものではない。しかし、だれでも、十分に修行を積めば、その師のようになれる」(ルカ 6:40) と言われました。私たちの師であり、主であるイエス様が目標であるならば、まさに人生を通して成長し続けることがクリスチャンの歩みだということができます。

　では、クリスチャンはどのようにして、イエス・キリストの弟子として成長していくのでしょうか。それは、まさに十二弟子たちが、イエス様によって常にそばに置かれ、共に過ごす時間を通して成長していったことが最大のモデルケースだと言えるでしょう。

第5章 《ステップ4　イエス様と共に生きる》

　既に主イエスが天に戻られている現在においては、主の霊である聖霊の内在のもと、祈り、聖書の御言葉に聞き、またキリストの体である教会の交わりの中で生きていくことこそが、私たちにとってイエス様と共に過ごし、生きることだと言えるでしょう。

　ロバート・E・コールマンは『伝道のマスタープラン』（油井義昭訳、いのちのことば社、1978年）の中で、この点について、そのように弟子を育てたイエス様の歩みこそが、主ご自身の伝道の計画（マスタープラン）であったと考察しています。少し引用してみましょう。

> 　イエスは数人の者をご自分に従うように召されることから始められた。このことは直ちに、イエスが取ろうとした伝道戦略の方向を示すものである。イエスの関心は、群衆にふさわしいプログラムにではなく、群衆が従おうとする人々にあった。注目すべきことであるが、イエスは伝道的運動を組織したり公に説教したりしないうちに、人々を集めることに着手されたのである。これらの人々は、世を神に獲得するイエスの方法になるはずであった。
> 　イエスの計画の最初の目標は、イエスの生涯をあかしし、ご自分が御父のもとに戻られた後に、その働きを続けることができる者たちを募ることであった。（『伝道のマスタープラン』26頁）

　実際、イエス様は群衆と弟子を明確に区別して取り扱っておられます。すなわち、イエス様は群衆にも病気を癒し、食物を施すような働きや、たとえを用いて語り教えることもされました。しかし、それ以上にその群衆を主イエスのもとに導く者、つまり将来の伝道の主体となる教会を備えるために十二弟子を御そばにおいて育てることに特に力を注がれたということです。

　教会の伝道は、一人の人がイエス様に出会い、救われるまでの歩みに寄

り添い、支え、導くことであると同時に、そこで終わりではなく、その救われた一人が新たにキリストの弟子として「伝えるもの」にされていくまでが見据えられていなければなりません。別の言い方をすれば、一人の人が救いを受けたのならば、その人はもはや求道者ではなく共に伝道の担い手となるということです。一足先に救われ、また特にそのために召されたものとして、牧師も信徒も同労者である新たに救われたクリスチャンの成長を支え励ますことが必要です。

さて、今度は教会が具体的にどのようにクリスチャンの成長を助けていくことができるか、考えていきましょう。クリスチャンの成長はあくまでイエス様との歩みの中でなされるのであって、たとえば牧師が牧師好みの信徒を育てようとしては、まったく的外れです（そんな人はいないでしょうが……）。キリストの弟子ではなく、牧師の弟子や有力者の弟子を作ってはならないということは、前提となる注意点です。

牧師を含め、教会のクリスチャンが皆、いつも主イエスご自身について行くことができるように心がけたいと思います。

先ほど触れた『伝道のマスタープラン』でも次のように指摘されています。

> 弟子たちを召されてから、イエスは彼らと共にいることを実践された。つまり、ただ弟子たちをご自分に従わせること、これがイエスの訓練プログラムの真髄であった。（中略）驚くべきことであるが、イエスがご自分のやり方を彼らに教えるためになされたすべてのことは、ご自身に彼らを近づかせるということであった。主ご自身が学校であり、カリキュラムであられた。（50–51頁）

では、イエス様と共に歩む訓練とは何かといえば、先にも少し触れた通

り、「①聖霊の内在のもとで、②祈り、③御言葉に聞いて応答し、④キリストの体である教会の交わりの中で生きること」であると思います。

　①**聖霊の内在のもと**で生きるのは、クリスチャンにとっては当然のことかもしれません。しかし、洗礼を受けて、既に内に住んでおられる聖霊によって、自分自身が「神殿」とされていることを自覚していくことは大切です（一コリント 6:19）。また、伝道に遣わされるクリスチャンとして力を受けていくためにも（使徒 1:8）、単に聖霊が内におられるというだけではなく、聖霊に「満たされるように」（使徒 9:17）意識して祈り求めていくことが必要です。

　②**祈り**はまさに主との交わりの時です。日々の生活の中で、時間を取り分けて主と向き合い祈る時間を持つ習慣を身につけることが、クリスチャンの成長に欠かすことのできない要素でしょう。また、使徒パウロは「絶えず祈りなさい」（一テサロニケ 5:17）と語っています。それは、目を閉じて、静まって祈る時のみならず、常に主と向き合って生きる生き方への招きであるとも言えます。

　③**聖書の御言葉に聞く**ということも同じく欠かすことができません。もちろん、祈りにも思いめぐらす「聞く」要素がありますが、その基本ともなり、何よりも主が私たちに最も明らかにお語りくださるのは、聖書の御言葉によることは間違いありません。聖書を読む、特に主の御言葉として聖書から聞くことができるようになることが重要です。また、イエス様ご自身が言われている通り、「（御言葉を）聞くだけで行わない者は皆、砂の上に家を建てた愚かな人に似ている」（マタイ 7:26）のですから、聞いた御言葉に応答することが堅い信仰を建て上げていくことになるでしょう。

　④ここまでは個人的な主との交わりだけでもなされることですが、クリ

スチャンの成長は、**教会というキリストの体の共同体の中に置かれてこそ**意味があります。イエス様は教会に新しい掟を与えられました。「互いに愛し合いなさい」（ヨハネ 13:34）という御言葉には、信仰は交わりの中でこそ証しされ、またそれを通して「弟子であることを、皆が知るようになる」ということが示されています。

「人が独りでいるのは良くない」（創世記 2:18）と主が男と女を造られたように、私たち人間は交わりの中で主と共に生きるように意図されています。

初代教会が聖書や祈りと並んで熱心であったのも、礼拝であり、交わりであったのです。その歩みを見て、救われる人が日々増していきました（使徒 4 章）。

牧師の牧会は、牧会そのものが目的なのではなく、教会の交わりの内でクリスチャンが成長し、世に証しするようになるためです。もちろん、信徒同士の相互の牧会も同じです。

【考えてみましょう】
新たなクリスチャンが成長するために、教会として取り組んでいることはありますか？　また、どんなサポートやトレーニングの必要が新しいクリスチャンたちにあるでしょうか？

信仰生活のトレーニング

クリスチャンの成長を支えるために、現在も多くの信仰生活のトレーニングの仕方が提案されています。たとえば、2000 年代には、おもにアメリカや韓国から信徒の皆さんの信仰生活のトレーニングのために「Disciple Training（弟子訓練）」のカリキュラムが多く輸入され、様々な教会で用いられていました。最近は、それらを参考に独自のテキストやカリキュラムを作成して使っている教会も少なからず見られます。また、信仰生活の

第5章 《ステップ4　イエス様と共に生きる》

　トレーニングが座学だけになってしまっては意味がないので、学んだことを実践できるような形で、第3章で扱ったような（本書53頁以下参照）小さな交わりを形成して学んでいくこともあります。

　私自身も仕えている教会向けに、カリキュラムを作っています【本書89頁参照】ので、参考のためにどのように信仰生活トレーニングをしているか紹介したいと思います。
　もともと、私が現在いる教会では、私が赴任する前からこうした信仰生活のトレーニングを取り入れていました。当初は韓国の教会から取り入れたテキストを使っていたそうです。そして、私が着任した頃はアメリカから取り入れたものを使って行っていました。前者はテキストを読ませていただき、後者は私も参加者として体験しました。いずれも有益なものだと感じましたが、もう少し日本の教会の状況やニーズにフィットしたものにできるのではないかと思い立ち、自作を始めました。
　ちなみに、こうしたトレーニングは歴史を問わず教会の中で行われてきたことと思います。たとえば、私がテキストの自作にあたって少なからず影響を受けたのは、カトリック教会の修道会であるイエズス会の創立者として有名な、イグナチオ・デ・ロヨラの『霊操』です。大学生時代に読んで、自分自身がそれまで受けてきた神様からの取り扱いで、重要だったと感じるところとの共通点を多く発見して励まされました。中でも、大きな創造の視点から黙想をしていく点や、「罪」を多角的に内省する部分に、時代を超えて必要なことなのだなと確信を持つことができました。どちらかと言えば、信仰「生活」というよりは内なる霊性の面を取り扱うものという意味で同じではありませんが、要はこうしたクリスチャンとしてのトレーニングは時代を問わず重要だということだと思います。
　作成にあたって、基本的な考え方はこの章の初めに書いた四点をおさえたものとすることでした。すなわち、聖霊の内在を確認しながら進むこと。祈りと聖書を読む時間を生活の中で根付かせること。教会の交わりの中で

第5章 《ステップ4　イエス様と共に生きる》

参考資料：

弟子訓練

＜目標＞
1. デボーションと主日礼拝を基礎とした信仰生活の確立。
2. バランスのとれた成長をしながら、具体的に実を結ぶ「伝道」をする。

＜原則と方針＞
1. デボーションを基礎とするので、原則毎日するように努める。
2. 礼拝を最優先し、説教ノートをつける。
3. 最初から三名以上の求道者の名前を挙げて、毎日祈り始める。
4. 一つのライフグループとしてクラスを扱う。

年間スケジュール 基本的に第一日曜と第三日曜の月二回、13：00～14：30		
4月	第一課	デボーション（全二回） 目的：信仰生活の土台を築く。
5月	第二課	信仰の確信（全二回） 目的：信仰の確信を持つ。
6月	第三課	祈り（全二回） 目的：豊かな祈りの生活ができるようになる。
7月前半	特別補講	信仰生活トラブルシューティング 目的：比較的多い信仰生活の諸課題についての学びと癒し。
7月後半～8月前半　夏休み		
8月後半 ～9月	第四課	聖書（全三回） 目的：基礎的な知識を身につけ、聖書の全体像をとらえる。
10月	第五課	礼拝（全二回） 目的：豊かな礼拝ができるようになる。
11月	第六課	聖霊（全二回） 目的：聖霊を実感して生活するようになる。
12月　クリスマス休み		
1月	第七課	交わり（全二回） 目的：豊かな交わりを持つ。
2月	第八課	教会（全二回） 目的：教会とは何かを理解し、その肢（えだ）としての意識を深める。
3月	まとめ	証と伝道（全二回） 目的：年間のまとめと修了式。二年目の具体的な活動のためのオリエンテーション。

実践されること。伝道的であることです。

　これらのポイントを踏まえて、次のような「目標」と「原則と方針」を立てました。

　《目標》
　1．日々の祈りと御言葉の時と、主日礼拝を基礎とした信仰生活の確立。
　2．バランスのとれた成長をしながら、具体的に実を結ぶ「伝道」をする。

　《原則と方針》
　1．日々の祈りと御言葉の時を基礎とするので、原則毎日その時間をとるように努める。
　2．礼拝を最優先し、説教ノートをつける。
　3．最初から三名以上の求道者の名前を挙げて、毎日祈り始める。
　4．このカリキュラム参加者全員を一つのグループとして、グループの交わりの中で学んでいく。

　ここで、「日々の祈りと御言葉の時」という表現について解説が必要かもしれません。
　教派や教会によって「デボーション、個人礼拝、黙想、静思の時、Quiet Time」など様々な呼び方や形式がありますが、基本的には教会での主日礼拝とは別に、普段の週日に持つ個人的な祈りと御言葉に聞く時間のことを指します。
　この「祈りと御言葉の時」が普段の生活の中で根付くようにすることが、大きな目標の一つです。初回では具体的なその時間の持ち方を紹介して、参加者みんなで同じ聖書箇所を開いて読み、黙想し、分かち合うことをし

ます。特にその時に、読んだ御言葉に対して、どのように生活や考え方において自分で神様に応答していけるかを考えて書き留めるようにします。

その後は、およそ月に二回、日曜日の午後に参加者は集まって、前回から今回までの間に経てきた「祈りと御言葉の時」で受けた恵み（印象に残った御言葉やそれに対しての自分なりに応えてみたことなど）を分かち合います。日々読む聖書箇所は、いくつかの選び方を紹介して、その中から自由に選んでもらいました。具体的には、『日毎の糧』（日本キリスト教団出版局）を利用するか、市販のデボーション誌（様々な種類があります）を使う、もしくはシンプルに創世記やマタイ福音書から一章ずつ読む、などです。

この祈りと御言葉の時は、基本的に各自が日々個人的に行うものなので、こうして分かち合う機会があると（つまり一緒にやっている仲間がいると）、生活に根付くまで長く続けていく助けになります。

互いの分かち合いのほかに、毎回、信仰生活にとって大切な学びをテーマ設定して講義形式で牧師がお話しします。たとえば、「信仰の確信」とか「礼拝」とか、「聖書」といったテーマです。

最後に、参加者が二、三人で分かれて、互いのために祈る時間を持ちます。特にこの時に、最初にイエス様をお伝えしたいと思っている相手を三人ずつ参加者が挙げて、一年間を通してその人のために祈るようにします。互いに祈る時は、相手が祈っている人のためにも祈るようにします。

全部で十八回のカリキュラムなので、夏休みとクリスマス休みを挟んでも、月二回のペースで順調に進めば一年間で終了です。最終回はまとめの回として、参加者同士で一年間を通しての恵みを分かち合い祈り合って終わります。もちろん、一年を通じて身に着けた（はずの）「祈りと御言葉の時」を持つ習慣を、今後も続けていくように励まします。

希望者は二年目に進みますが、二年目は決まったテキストもカリキュラ

ムもありません。一年間祈ってきた人たちに、実際的にどんな働きかけができるかを参加者でお互いに知恵を出し合ったり、助け合ったりして伝えていきます。

たとえば、第3章で挙げたアルファを用いたグループは、そのような二年目の計画から始まりました（本書57頁以下）。参加者に「具体的にどういう伝道の働きをしましょうか」と投げかけ、何人かの方がアルファを用いて伝道をしたいと名乗りを挙げてくれました。

他にも、様々なミニストリーを始めたり、個別の伝道を始めたりする方もあります。もちろん、具体的な一歩に踏み出していくので、難しさを感じる人も多いのですが、そういう方には無理に何かをする必要はないと伝えています。一方で、「やってみよう」と神様の導きを感じている人がいれば、励ますようにしています。

また、参加者は一年間一緒に分かち合いながら学んでいくので、一つの（人数によっては複数の）小さな信仰共同体ができます。それは、その後も教会における求道者の受け皿として用いられることがあります。

これはあくまで一つの例です。今は、様々な信仰生活トレーニングのテキストがキリスト教書店などで市販されていますので、自分の属している教会にうまく合うようにアレンジしながら用いていくことができると思います。

【考えてみましょう】
プログラムとしてまとまった信仰生活のトレーニング機会が教会にあるでしょうか？　もし、始めるとしたらどんな準備が必要でしょうか？

リーダーを育てる

先に紹介した『伝道のマスタープラン』にもあった通り、教会の伝道を

第5章 《ステップ4　イエス様と共に生きる》

考えるうえで重要なのは、牧師以外にも小さな交わり（グループ）や伝道の働き（ミニストリー）をリードする人が養われていくことです。先にも述べたように、成長させてくださるのは神様ですが、パウロが植え、アポロが水を注いだように（一コリント 3:6）、主が人を成長させてくださる過程を、牧師も信徒も意識して整えていくことが、教会の伝道において重要です。

ちなみに、あくまで「たとえ」の表現ではあると思いますが、パウロは植えること、すなわち新しい教会を土地に建てていくことが得意な賜物で、アポロやバルナバは水を注ぐこと、すなわちクリスチャンたちの成長を励ますことに、より賜物があったかもしれません。では、パウロは人を育てないかと言えばそんなことはありません。フィレモンのための気づかいや、厳しいながらも愛のあるテモテへの手紙など、素晴らしい牧会の姿も聖書の中から活き活きと見て取れます。使徒パウロと比べるのもおこがましいと考える謙遜な方も多いかもしれませんが、牧師や教会の様々なリーダーたちも賜物はそれぞれで、特に秀でている点以外にも主が用いてくださることにチャレンジしていくことは大切だと思います。タラントを預けられた僕たちは、それを用いて別のタラントを得ました。直接的な伝道が得意だと感じる牧師や信徒も、牧会や交わりにこそやりがいを感じるという牧師も信徒も、それぞれ苦手意識のある働きにも必要に応えて挑戦していく時に、新しい賜物が与えられていくのかもしれません。

前置きが長くなりましたが、リーダーを育てる働きについて考えてみましょう。

先に挙げた信仰生活のトレーニングの中で、その参加者たちを一つのグループ（小さな交わり）として扱うようにしていることを記しました。参加者たちは、その中で、共に賛美し、共に御言葉に聞き、共に互いのために祈り合っていくことを経験していきます。このことを通しての一つの狙いは、やがて参加者たちが、同様に小さな交わりをリードしていく下準備

第 5 章 《ステップ 4　イエス様と共に生きる》

となることです。

「百聞は一見に如かず」ということわざの通り、「リーダーとはこういうものです」という文章を学ぶよりも、信仰生活のトレーニングの過程を通して、牧師（あるいは、それをするリーダー）自身がそのグループをリードする様子を体験することで、何をすれば良いのか、ということが実際的に伝わっていきます。

そして、トレーニング過程が終わったところで、「今度は皆さんが、私がやっていたように、賛美して、祈って、分かち合いを進めていきましょう」とお勧めします。その時に、初めて「リーダーはこういうものです」というテキストを皆さんに渡して、新しいミニストリーのグループや、小さな交わりのグループを始めるならこうしましょう、と提案しています。（その後のミニストリーやグループをリーダーとして始めていくことは、これまでの章でそれぞれ解説しています。本書 29–30、65–70 頁参照）

また、新しいリーダーが生まれたならば（つまり新しいグループができたということでもあります）、「じゃあ一回見せた通りで、あとは頑張ってね」というのではなく、特に最初のうち、牧師やリーダーたちのリーダー（ややこしくてすみません）はリーダーたちと、たびたび会って励まし、祈ること、また時にはアドバイスをすることが必要です。

伝道の基本は次章で扱うとおり、個人伝道です。一人ひとりに個別に向き合って、丁寧にイエス様を紹介し、福音を伝えていきます。そして、それは、決心をうながすことで終わりではなく、この章で扱っている通り、今度は同労者としての成長を助けていくことまで含みます。そう考えると、牧師がたった一人ですべての伝道をしていくことは、実を結んでいけばいくほど難しくなっていくのです。

モーセのしゅうとエトロは、モーセ一人が牧会をしている様子を見て、「あなたのやり方は良くない。あなた自身も、あなたを訪ねて来る民も、きっと疲れ果ててしまうだろう」（出エジプト記 18:18）と諭し、他のリー

ダーたちを選び立てていくことを助言しました。初代の教会の使徒たちも、教会生活の諸問題に七人の執事たちを立てて対応しました（使徒 6:1–7）。そのあとに必要なのは、そのリーダーたちのために祈り、励ましていくことです。

牧師はもちろん、教会のすべての人々を気に掛け、祈るべきです。しかし、すべての「行動」を自分がしなければならないのではありません。教会の規模が大きくなってきた場合は、エトロや使徒たちが語るように、牧師にこそゆだねられている働きに集中していく必要があります。

「うちの教会は規模が小さいから」と言われる方もあるかもしれませんが、救われたクリスチャンの成長を助け、その中からまたリーダーを育てていくことは、規模にかかわらず重要です。そうすることで、牧師はより必要な「牧師にしかできない働き」に集中でき、また教会の人々が十分に自らの賜物を活かすことができるようになっていきます。主から知恵をいただいて取り組みましょう。

【考えてみましょう】
教会の中で牧師と信徒の皆さんの働きはバランスよく分かち合われているでしょうか？　牧師以外にも新しいクリスチャンや、他の兄弟姉妹の成長をサポートできるリーダーが養われる環境があるでしょうか？

リーダーを育てるコーチングの実際

ここではリーダーへのコーチングを扱いますので、「牧師」や「リーダーたちを育てるリーダー（リーダーの中のリーダー）」に向けての内容となります。ですから、読者の皆さんで必要を感じない方は飛ばしていただいて結構です。

第5章 《ステップ4　イエス様と共に生きる》

　実際にリーダーと個別に、あるいは複数で会う時は、それぞれの個人的な信仰や生活の状況や課題を聞いて、祈ります。彼らは自分のグループの人々の話を聞いて祈る側ですから、自分が聞いてもらい祈られることが必要です。それはまさに牧師や「リーダーを支えるリーダー」の役目です。

　次に、各グループや働きの、課題やチャレンジを聞きます。その時に、「〇〇の場合はこうしてください」と解決策を答えるのではなく、「どうしたらよいと思いますか」と問いかけて、一緒に考えるようにします。特に、信仰的な問題に関しては、必要に応じて聖書を開いて御言葉に基づいた考え方を分かち合うようにします。重要なのは、牧師のやり方に倣うよりも、それぞれが祈りや御言葉によって、主との交わりの中で困難に向き合う経験を積んでいくことです。そうすることで、キリストの体を建て上げる、個性的な賜物を持った一人ひとりとなっていくことができます。

　また、複数のリーダーで集まっているならば、一つの課題に対して、お互いの経験や考えを分かち合って助け合うようにします。いわば相互のコーチング（後述）の時間です。この際、単なる愚痴の言い合いにならないように注意をするべきです。「ただ、聞く人に恵みが与えられるように、その人を造り上げるのに役立つ言葉を、必要に応じて語りなさい」（エフェソ 4:29）とあるように、課題に対しても否定的にならず、そのことを通してどのような主の計画がなされるのかと思いめぐらして、経験や励ましを分かち合います。たとえば「私も似たような経験があるよ」と分かち合われれば、自分は一人ではないと感じて大きな励ましになるでしょう。必ずしも具体的な解決が生まれなくとも、課題のために祈り合うことは、「二人または三人がわたしの名によって集まるところには、わたしもその中にいるのである」（マタイ 18:20）とイエス様が約束された通り、大きな恵みとなります。

　こういったリーダーとの時間は、いわば「コーチング」です。コーチングとは、いわゆる「先生が教えて、生徒が聞く」という手法の学びではなく、双方向的な対話を通して学ぶやり方です。コーチ役は何か答えを直接

的に与えるのではなく、ヒントや質問を投げかけることで、受け手が自ら必要な答えや気づきを発見していくことが目的とされます。

一般的に、最近は今までの「先生と生徒」という学び方ではなく、こうしたコーチングの形が様々な教育の場で注目されています。もちろん教会の中でも取り上げられることが増えてきました。

実際、「弟子は師にまさるものではない。しかし、だれでも、十分に修行を積めば、その師のようになれる」（ルカ 6:40）とイエス様が言われている通り、私たちの目的は自分の弟子づくりではなく、イエス様と共に歩むためのコーチ役あるいはサポーターとなることですから、より聖書的、教会的にも相応しい教育の形だと思います。

こうしたリーダーと牧師、あるいはリーダー同士のコーチングの時間において、心にとめておきたい簡単なコツは、以下の二つを覚えて、なるべく自由に語り合うようにすることです。

一つは、お互いの発言を否定しないこと。それぞれの考え方を尊重して、自分の考え方と違っても受けとめることです。その上で、「自分は違う考え方だけど、こう考える」と分かち合うことが良いでしょう。

もう一つは、同じことの裏表でもあるのですが、自分のやり方や考えが最善だとお互いに押し付けないことです。一つの課題に必ず一つの解決しかないとは限りません。自分自身が神様と共に乗り越えた経験を分かち合うことは素晴らしいですが、どの場合もそれが適用されると考えないで、主は一人ひとりに違う働きかけや計画があることを認めていくことが重要です。牧師が特にコーチ役をつとめるならば、なおさら自分ばかりが話しまくるような状況にならないように注意するべきです。

一方で、自由に分かち合うとはいえ、リーダー同士のコーチングで、際限なく自分勝手にみんなが話すようでは秩序がありません。牧師はなるべく皆が分かち合えるように配分します。一人がずっと話し続けることがないように気をつけます。ただし、重要な課題の場合は、必要に応じて長い

時間をとって取り組みます。

【考えてみましょう】
リーダーが養いを受ける環境が用意されているでしょうか。互いに励まし合う場があるでしょうか？

教会を建て上げる

　洗礼を受けてクリスチャンとなるということは、教会の一員となることでもあります。このことは受洗にあたって、まず知っておく必要がある大切なことです。「教会と自分」という感覚だと、ずっとお客さん意識が抜けません。聖書は「あなたがたはキリストの体であり、また、一人一人はその部分です」（一コリント 12:27）と言います。「教会は自分」という自覚を持つことが必要です。

　教会によっては、まず洗礼を受けてから、その後に教会のメンバーとしての学びをするということもあるでしょう。いずれにせよ、自分自身が教会なのであると知って、教会を建て上げる一員となっていくことを互いに励まし合いましょう。

　この「教会がキリストの体である」という理解は、教会の伝道を考える上でも非常に重要です。それは、「教会が多くの部分からなっている」ことを理解することで、本書のテーマでもあるとおり牧師と信徒が皆で一緒に伝道を担っていくことの大切さを知ることができるからです。教会がリーダーを育て、お互いの賜物を持ち寄りながらイエス・キリストを伝えるという形は、実に聖書的な伝道の姿だと思います。

第6章　個人伝道

　この章では、信仰告白や受洗の決心をうながす具体的なプロセスを含め、教会の伝道（ステップ1～4）を個人伝道の視点で振り返ります。

　牧師と信徒が共に求道者に寄り添い、歩んできて、いよいよ決心の時を迎えます。その時、エチオピアの高官の決心に、フィリポが立ち会ったように、誰かがかたわらでその決心を励まし導きます。
　多くの場合は牧師が担うことが多い部分なので、牧師による「個人伝道」という形で説明をしていきます。
　本書の「はじめに」で若手の牧師が、具体的な伝道の方法に迷い、疲れ果ててしまうという課題に触れました。私にとって、そのように苦労されている若い牧師の皆さんと、まず分かち合いたいのが「個人伝道」です。なぜなら、私自身が若手として、このことを学ぶ必要性を最も感じていたからです。

　この章は少し「牧師向け」に書かれている傾向があります。信徒の皆さんは、「自分が取り組むには少しハードルが高い」と感じるかもしれません。ですが、牧師と信徒が一緒に取り組んでこそ（本書のタイトルのとおり）の教会の伝道ですから、この部分が不可欠で、重要なんだな、ということを理解してもらうためにも、ぜひ目を通していただきたいと思います。
　ワークは特にありません。あえて言うなら実際に個人伝道をしてみてい

第6章　個人伝道

ただければ、最高のワークになると思います。

また、ひょっとしたら「私はまさにこういう伝道をしたい」と感じる方もいるかもしれません。素晴らしい。それは神様から与えられた賜物ですので、ぜひ牧師と協力してその一翼を担われるのがよいと思います。このプロセスを牧師だけではなく、信徒の皆さんが担ってくださるようになると、加速度的に教会の伝道は進んでいきます。

では、本題に入りましょう。

「牧師の」伝道を考える時に、おそらく最も大切で、同時に最も謎に満ちているのが「個人伝道」だと思います。ここでいう個人伝道とは、文字通り牧師個人が、求道者個人と関わり合いながら、イエス様を伝えていくことを意味しています。

なぜ、個人伝道が最も大切かと言いますと、ここまで本書で触れた「伝道の流れ」のすべてを含んでいるからです。

　一人の人が信仰を持つまでの「伝道の流れ」
　　ステップ１：イエス様と出会う
　　ステップ２：イエス様と向き合う
　　ステップ３：イエス様を主と信じる
　　ステップ４：イエス様と共に生きる

言い換えれば、牧師のする最小単位の伝道が、個人伝道であるとも言えます。教会の状況によっては、本書で取り扱ってきた働きの多くが、実行には難しいと感じる方も少なからずおられるでしょう。そんな中でも、状況によらず牧師が個人で今日から始められる、最も着実で効果的な伝道が、この個人伝道だと思います。

一方で、最小単位であるがゆえに、牧師の個々人でやり方が千差万別な

のも個人伝道です。第1章で、牧師個人の召命や賜物を分かち合ってもらいましたが、おそらくその時に皆さん考えられたとおり、牧師にもそれぞれいろいろな面で得意分野もあれば不得意分野もあります。ですから、同じようにイエス様を伝えていくにしても、やり方は大いに変わるものです。だからこそ、個人伝道の具体的なやり方については、牧師間で分かち合われることが、少ないのではないかと感じています。それが「最も謎に満ちている」と言った理由です。

　個人伝道のやり方が、あまり分かち合われないことは、若手の伝道者にとって本当に不幸なことだと思っています。おそらく最も知りたい部分でありながら謎のままで、みんな一から自分でやり方を確立していかなければなりません。私は日本の牧師の世界では若手の方ですが、年配の先生方と話していて、この点でギャップを感じることがあります。伝道の働きを熱心にされてきた先生方と話してみると、皆さん「当然のこととして」個人伝道をしているのです。それが、あまりに当たり前のことなので、誰も分かち合う必要があるとすら考えていないのではないかと思います。もちろん、礼拝と説教という基本が大事だというのは共通して言われることですが、ではそこからどうすればいいのか。礼拝に来た求道者が説教を聞いてイエス様に出会っていきますけれども、最終的には頃合いを見て個別の（あるいは多くても数人での）信じる決心や洗礼に向けた学び（個人伝道）に移行していきます。「それはそうだろ、当たり前だろ」と年配の牧師先生は言われるのですが、若手の伝道者は「そこが具体的にどうなのか」と聞く機会がないわけです。

　そんな中で本書の冒頭でも述べた通り、牧師として働き始め、右往左往しているうちに疲れ果ててしまい、牧師の働きを続けられなくなる人もあるのは、やはり残念なことです。

　そんなわけでここでは、個人伝道を「伝道の流れ」にそって可能な限り詳しく、順に見ていきたいと思います。

第6章　個人伝道

ステップ１　イエス様と出会う

　伝道する時に、伝える相手がいなければ始まりません。牧師は信徒の皆さんと比較して、伝える相手との出会いについては非常に恵まれていると思います。教会が教会だと看板を掲げていて、礼拝が定期的になされていれば、求道者（伝える相手）が来てくれる可能性があります。

　もし、まったく新来者が来ない場合は、探しに行く必要があります。同じ県内のある先生は、引退して東北から茨城に来ました。終の棲家のつもりで購入した自宅でしたが、周辺に教会がありませんでしたから、そこは伝道者らしくトラクトを配って家庭集会を始めました。すると、興味を持った住宅地の人や、近くに教会があればいいのに、と願っていた高齢のクリスチャンの方々が集まってきました。引退のつもりが開拓伝道の教会が早速始まってしまったそうです。

　このように教会が近くにない土地に住んで、トラクトを配ることも探しに行く方法の一つでしょう。

　他にも、様々な方法で礼拝にクリスチャンでない方が来られるように、工夫する必要はあります。詳細は第２章で扱ったとおりです。

　ここでは、牧師だけでも「今日から始められる伝道」ということで、まず礼拝に来てくれた方に伝えることを考えましょう。

　まず、礼拝に通っている、あるいは来られたその人が、「求めて」来ているかどうかを確認しましょう。

　既に長く通っている方なら、なんの関心もないことはありませんから、「一度お話ししませんか、一緒にお祈りしましょう」と言って予定を合わせてもらい、教会や公の場所で会ってお話を聞きましょう。

　どんな理由で教会に来たかとか、今どんなことを考えているか、なにか悩みや祈りに覚えてほしいことがあるか、などを聞いてみましょう。そして、一緒に祈る時間を持ち、最後に次のステップである聖書の個別の学び

に誘ってみます。この時点で「興味はありません」と断られても落ち込む必要はありません。「では、またいつでも時間を取りますから声をかけてくださいね」とお伝えして、また次の機会が与えられるように祈っていきましょう。

初めて礼拝に来られた方は、おそらく緊張されているので、教会の人々や牧師が怖い人たちではなく、自分のことを歓迎しているのだな、とまず分かってもらうことが必要です。牧師は自分から自己紹介をして、「ようこそ来てくださいました」と歓迎の気持ちを伝えましょう。

お名前や、どうやって自分たちの教会の存在を知ってくれたのか、などをお聞きするのは失礼にはならないので良いと思います。とはいえ、あんまり質問攻めにすると身辺調査みたいになってしまいますので、注意しましょう。

礼拝後であれば、礼拝の感想などを聞いてみるのも良いかもしれません。

もし、最初からものすごく聖書や神様を求めている方なら、すぐに応えてあげるべきでしょう。先述の通り、詳しくお話を聞くように予定を作りましょう。

そうでなければ「よろしければ、ぜひまたお越しください」と礼拝にまた来てくださるようにお誘いしましょう。その後、何度か来てくださるようなら、その都度、挨拶をきちんとして、「さらに深い求めがあるな」と感じるようになったら、良いタイミングで声をかけましょう。

ステップ2　イエス様と向き合う

人がイエス様と出会い交わりを深めるのに与えられている最大の手段は、聖書の御言葉を通してです。イエス様は復活を信じられなかったトマスに出会い、信じられるようになったトマスに最後に次のように言われました。「わたしを見たから信じたのか。見ないのに信じる人は、幸いである」（ヨ

ハネ 20:29)。さらに続けてヨハネ福音書は語ります。「このほかにも、イエスは弟子たちの前で、多くのしるしをなさったが、それはこの書物に書かれていない。これらのことが書かれたのは、あなたがたが、イエスは神の子メシアであると信じるためであり、また、信じてイエスの名により命を受けるためである」(同 30–31 節)。

今、私たちは肉眼でイエス様を見ることは許されていませんが、見ないでも出会い、信じることができるようにと、聖書の御言葉が「ことば」なるイエス様を証ししてくれます。

ですから、牧師は聖書を通して、人がイエス様に向き合い、関係を深めていくことができるようにしなければなりません。

さて、個別の聖書の学びのやり方は本当に千差万別です。牧師それぞれに合ったやり方がありますし、相手の一人ひとりによっても個性に合わせて取り組みやすいやり方は違います。

たとえばある先生は、最初はヨハネ福音書 3 章 16 節のような有名で、なおかつ自分の一番好きな(つまり思い入れがあるのでしょう)聖書箇所からメッセージをするのだそうです。そして、それから自作のテキストを使って数回の聖書の学びを進めていくのだそうです。

ここでは、私のやり方を例に挙げたいと思います。皆さんそれぞれに合った方法を探す参考になればと思います。

私は初めに相手の方の話をいろいろ聞きます。ステップ 1 にあたる部分で聞いたところよりも、一歩踏み込んで質問をいくつかします。たとえば、「なぜ教会に来ようと思ったのですか」とか、「しばらく通ってみて、信仰についてどう感じるようになりましたか」とかです。あるいは、「聖書について疑問に思っていることはありますか」といった質問をして、求めていることを明らかにしていく場合もあります。

話をしながら、その人が「信仰の中心にズバッと切り込みたいタイプ」

なのか、それとも「じっくり時間をかけて聖書に取り組みたいタイプ」なのかを見極めます。そして、タイプに合わせて、私が普段使っている二つのテキストのどちらかを選んで学びを始めます。

　一つはキリスト者学生会（KGK）が製作している『Straight from the Bible ——キリスト教・そのエッセンス』（1993年）というテキストです。これは、私が大学時代に実際にグループでの聖書研究会で使って以来、自分にとって思い入れもあり、とても自分に合っていると感じているものです。全五回の学びになっていて、キリスト者学生会の得意とする、テキストの質問にみんなで取り組みながらメッセージの中心に迫っていくタイプのものです。もちろん、グループでなくても、一対一で学んでいくこともできます。第一課から順に、「キリスト教で示している神とは」、「人間の姿」、「イエスとザアカイ」、「イエスの十字架」、「私は決して信じない（トマスと復活の主）」と五回で、本当に信仰を決心するのに触れておきたい部分を絞って、良く学ばせてくれる良テキストです。

　もう一つは、『求道者伝道テキスト』（鈴木崇巨著、地引網出版、2014年）です。こちらはうって変わって長く、全三十課にわたって、聖書全般を学んでいくために必要な知識を教えるテキストです。特徴的なのは、最初から目的の一つに「祈ることができるようになること」とあって、第一課から祈ることを具体的に説明して実践を勧める点です。これはイエス様に出会うことをサポートするのが伝道だという私の考えに、とてもしっくりくる部分で、「信じたつもりで祈ってみてください」と勧めながらこのテキストを用いています。また、このテキスト自体は、「聖書の副読本」という位置づけということで、実際に初回はテキストだけの学びですが、二回目以降は少し聖書を読んできてもらって、疑問に思ったり、印象に残ったりした点を挙げてもらいながら答えていくスタイルで、学びを進めていきます。

　基本的に、「信仰の中心にズバッと切り込みたいタイプ」の方には、前

者の『Straight from the Bible』を用いて学びを始めます。そして、「じっくり時間をかけて聖書に取り組みたいタイプ」の方には、後者の『求道者伝道テキスト』を用いて学びをします。

教会で伝道者として働き始めて最初の内は、『Straight from the Bible』だけを使っていました。それまで、自分自身が学生でしたから、おもに大学生を念頭に作られたこのテキストが一緒に学ぶ人たちにも、たいていうまく合っていたからです。ところが、幅広い年齢層の方々と学びをし始めるとすぐに、「年配の人々にはあまりうまくいかない」と感じ始めました。

理由の一つには、質問に答えていくというスタイルが、日本の教育で培われた「正しい答えを言わなければならない（間違えたくない）」心理を働かせるようで、ある種の緊張感が生まれてしまうからです。特に年配の人にとって、私はだいぶ年下ですから、なおさらそういう意識が働く面があるかもしれません。

また、もう一つの理由として、年齢を重ねているほど、やはり築いてきたそれぞれの人生観や価値観があるので、全五回で「はい、そうですか」と受け入れるのは難しいと感じる人が多いようなのです。

そこで、年配者や時間をかけて学んでいく方がよい人には、『求道者伝道テキスト』を用いるようになりました。あるいは、まずは『Straight from the Bible』を使って五回の学びをやってみて、それを終えた時点で、すぐにはっきりと信仰を持つ人ばかりではないので、その場合はそこから『求道者伝道テキスト』に移行していくということも多々あります。

このようにして、個人的な聖書の学びを進めていきます。

一回終わるごとに、次回の予定を決めるようにします。経験上、月に二回（隔週）以上の頻度でできるのが望ましいと感じます。それ以上、間隔が空いてしまうと、なかなか集中力を保つのが難しい人が多いと思います。とはいえ、これも人によって個人差が大きいので、相手に合わせて日程を調整して進めていくと良いでしょう。

個別の学びに入る時に一つ気を付けるべきなのは、相手の方が異性の場合はなるべく誰でも出入りできる開けた部屋を使ったり、誰かにお茶を持ってきてもらったり、もしくは一人ではなくて、誰かに一緒に加わってもらったりする必要があるということです。牧師はあらぬ誤解が生まれないように、いつも細心の注意を払うべきですし、相手の方もきっと安心して聖書に集中できるでしょう。

　また、「教会の伝道」という視点から考えると、牧師とは別に一人以上のクリスチャンが加わるのも有益です。なぜなら、人は聖書を通してイエス様に出会いますが、同時にクリスチャンを通してもキリストの香りを感じたり、何気ない言葉の中に信仰を見たりすることができるからです。可能であれば、その方に信仰の証しを話してもらうのも有益です。もちろん、牧師もその役割を果たしますが、イエス様が弟子たちを村々への伝道に遣わした時に二人組にしたように（マルコ 6:6–13 など）、複数の信仰者が、一人の人がイエス様と出会う歩みに寄り添っていくことは、とても大切なことなのです。

　私のこれまでの経験でも、牧師だけではなく、他のクリスチャンたちとの交わりの中で導かれていった人たちのほうが、決心に至る割合が高く、その後の信仰生活が堅固になっていく傾向があります。逆にいえば、それだけ「あの時に他の人にも声をかければよかったな」と思うケースが多々ありました。今でも、決心に至らなかったその人たちのために祈っています。

　それから、言うまでもないことですが、いつも聖書を開く学びを始めるにあたって、祈ること、特に聖霊の導きを求めて祈ることが不可欠です。これは、次の信仰告白をうながす時も共通して言えることですが、私たち牧師やクリスチャン自身には人間を救う力はまったくありませんので（主イエスの救いのほかありません）、個人伝道のすべての過程を通して、特に御言葉によってイエス様と向き合っていく時に、聖霊がその人に直接働

かれて導かれていくことを祈らないわけにはいきません。

ステップ３　イエス様を主と信じる

　学びが進んでいくにつれ、少しずつイエス様を信じる信仰が生まれてくる人も多いと思います。相手の信仰の様子や、テキストの区切りなどの頃合いを見て、信仰告白の決心をする気があるか確認したり、信仰を持ちたいと願っている人には告白する決心をうながしてあげたりすることが大切です。

　これは既に第４章で詳しく述べましたが（本書72頁以下）、私の場合は、人がクリスチャンとしての信仰を持っているかどうかを確認するには、次の二つを問いかけるのが良いと考えています。

　第一に、「あなたは聖書の示している自分の罪を認めて悔い改めることができますか」という質問。第二に、「あなたは聖書の語る通り、イエス様がその罪を赦して命をくださる救い主だと信じることができますか」という質問です（マルコ1:15のイエス様の言葉である「時は満ち、神の国は近づいた。悔い改めて福音を信じなさい」をもとに考えています）。

　先に挙げた二つのテキストの場合、『Straight from the Bible』ならば、イエス様の十字架を扱った第四課の終了時か全五回を終えたところで確認します。『求道者伝道テキスト』ならば、最初の十課（初級編）を終えたタイミングや、十字架や愛を扱う課のところで、問いかけるようにしています。特にその時は最後の第三十課が信仰を告白することについて書いてあるので、順番は崩れますが、そちらを開いて利用することもあります。

　二つとも、答えがハッキリと「はい」であれば、「あなたはもうクリスチャンの信仰を持っています」とお話をして、一緒に信仰を告白する祈りをするようにしています。そして、洗礼について説明をして、何か特別な妨げ（家族の反対など）がなければ洗礼を受けることをお勧めします。（その時に時間がなければ、次回は洗礼について学んでみましょうね、と

勧めます。)

　どちらか一方（つまり「悔い改め」か「福音を信じること」）が、「いいえ」や「まだ、よく分からない」であれば、これからその点が乗り越えられるようにと祈って、また学びを継続していきます。この時点で決心できなくても、自分の信仰の状態がどうかということを、学んでいる人自身も認識することができるので、その後の学びにとっても非常に有益です。

　「決心して信仰を告白すること」を、私は信仰の確認と考えています。『求道者伝道テキスト』でも、このように書いてあります。

> もしあなたが今までの学びで心を大きく動かされているのなら、あるいは、信じないというわけではないのなら、それはあなたの心に信仰の火種ができていると思われます。もしそうなら、「まだ信じているのか、いないのか分からない」と言って、自分の信仰を不確かな状態だとしないほうがよいと思います。なぜなら、信仰を計る機器はないのですから、永遠に確かだとは誰も言えないからです。むしろ、「私は信じることにします」と神のほうに向かって声を出すことをお勧めします。(『求道者伝道テキスト』第三十課より)

　また、ある先生は信仰の決心をするタイミングについて、学んでいる人に「自分の中で信じる気持ちが五一パーセント、つまり半分を超えたら、それが決心するのによいタイミングだ」とお話しするそうです。「どんなクリスチャンも、聖書に完全に精通して、何が起きても揺らがない確信ができてから信じたわけじゃない」ということを伝えて、信じることがゴールではなく、スタート地点であることを知ってもらうのが重要なのだそうです。

　いずれにせよ、信じる告白をする決心をした人には、その場で一緒に祈ることが大切です。私の場合は（状況にもよりますが）、本人が自分の言

葉で祈ることができる人なら祈ってもらい、まだ祈りに慣れていなければ、私が文節ごとに区切って祈って、後について祈ってもらう形をとっています。定型文は作っていませんが、以下のような内容で祈りをします。

「主よ、私は聖書の御言葉を通して、罪というものを知りました。私の内にも確かにあなたに背く罪があることを認め告白します。どうか、私の罪をお赦しください。また、イエス様がその罪を赦すために十字架にかかってくださったことを信じます。感謝いたします。イエス様を私の救い主、人となられた神と信じます。どうか、これからあなたを信じて生きる歩みを導いてください。イエス様のお名前によってお祈りいたします。アーメン」

祈り終わったら、その信仰告白を主が受け取ってくださっている、ということをお伝えします。そして、洗礼について説明をして、洗礼に向けた学びに進むことをお勧めします。洗礼とは何かということについては、自分で作ったプリントがあるので、それを使っています【本書111–112頁参照】。

反対に、前述の二つの質問に対して、まだはっきりと答えられない状況であれば、洗礼の勧めをすることはありません。緊急の病床洗礼の場合などは、相手の状況に応じて信仰ありと認められれば洗礼を授けることはありますが、通常のやり取りができる場合はこの二点の確認を必ずおこないます。

イエス様は使徒ペトロの信仰告白を受けて次のように言われました。「あなたはペトロ。わたしはこの岩の上にわたしの教会を建てる。陰府の力もこれに対抗できない。わたしはあなたに天の国の鍵を授ける。あなたが地上でつなぐことは、天上でもつながれる。あなたが地上で解くことは、天上でも解かれる」（マタイ 16:18–19）。教会は天国の鍵を預かっています。この言葉には様々な解釈があり、実際、多くの意味を主は私たちに語っていると思います。その中で、教会はきちんと信仰の有無の判断をして、洗礼を授けるという意味で天国への門を開く鍵がゆだねられているという面

参考資料：

洗礼について

1）バプテスマを受けるために必要なのは何か？
心から認めた上での、以下の二つの公の告白。
① 罪の告白と悔い改め。（自分が罪人であると認め、悔い改める）
② キリストを主と告白すること。（イエス・キリストが自分の救い主であり神であること）
「悔い改めなさい。めいめい、イエス・キリストの名によって洗礼を受け、罪を赦していただきなさい。そうすれば、賜物として聖霊を受けます。」（使徒2：38）

2）バプテスマとは何か？
① 行為として見るならば、教会によってスタイルが違う（滴礼か浸礼か）。

　　　＜一方、それ自体は何かというと…＞
② 主からの命令である。
「だから、あなたがたは行って、すべての民をわたしの弟子にしなさい。彼らに父と子と聖霊の名によって洗礼を授け、あなたがたに命じておいたことをすべて守るように教えなさい。わたしは世の終わりまで、いつもあなたがたと共にいる。」（マタイ28：19～20）
* ここで注意しなければならないのは、信じることによって義と認められるのであって、洗礼という行為が救いをもたらすという意味ではないということ。
（参照・エフェソ2：8～9「事実、あなたがたは、恵みにより、信仰によって救われました。このことは、自らの力によるのではなく、神の賜物です。行いによるのではありません。それは、だれも誇ることがないためなのです。」）
* 逆に、信じて告白できるのであれば、命令に従って当然バプテスマを受けるべきである、ということになる。
* また、その公の告白に伴って、争いが起こるということは十分に有り得るということを主御自身がよくご存知である。その上で告白が求められている。
* 信じることと、告白することは違う。両方が必要なのである。
（参照・ローマ10：10「実に、人は心で信じて義とされ、口で公に言い表して救われるのです。」）
③ 現在の教会の洗礼は「罪の悔い改め」と「きよめられキリスト（聖霊）と共に

新たに生きるスタート」の二つの意味をもつ。
　　（1）洗礼者ヨハネのバプテスマは「罪の悔い改め」のバプテスマである。＝「公の告白と決意」のバプテスマ。
　　（2）イエスのバプテスマは「聖霊と火」のバプテスマ。＝「きよめ、聖霊が住むようになる」バプテスマ。
　　「イエスはお答えになった。『はっきり言っておく。だれでも水と霊とによって生まれなければ、神の国に入ることはできない。肉から生まれたものは肉である。霊から生まれたものは霊である。』」（ヨハネ3：5〜6）

3）バプテスマを受けることによってどうなるか？
① 洗礼を受けることによって、キリストの十字架の死と復活を味わい、新しく生まれ変わって生きることができる。
　　「洗礼によって、キリストと共に葬られ、また、キリストを死者の中から復活させた神の力を信じて、キリストと共に復活させられたのです。」（コロサイ2：12）

② 洗礼を受けることによって、罪が洗い流されたことを確信できる。
　　「今、何をためらっているのです。立ち上がりなさい。その方の名を唱え、洗礼を受けて罪を洗い清めなさい。」（使徒22：16）

③ 洗礼を受けることによって、神の宮となり、教会の肢（えだ）となることができる。（教会の一部となり、また自分自身が教会となる。）
　　「つまり、一つの霊によって、わたしたちは、ユダヤ人であろうとギリシア人であろうと、奴隷であろうと自由な身分の者であろうと、皆一つの体となるために洗礼を受け、皆一つの霊をのませてもらったのです。」（一コリント12：13）

④ 洗礼を受けることによって、聖霊を受ける。（信じる過程でも聖霊は働かれるが、確かに内在されるようになる）
　　「すると、ペトロは彼らに言った。『悔い改めなさい。めいめい、イエス・キリストの名によって洗礼を受け、罪を赦していただきなさい。そうすれば、賜物として聖霊を受けます。』」（使徒2：38）

4）バプテスマはゴールか？
　　逆です。スタート地点です。聖霊（キリスト・神の霊）と共に、キリストの体として新しく生きていくスタートです。

もあるでしょう。牧師は特にその役割を、責任を持って果たすべきだと思います。

　信仰を持った人や、持とうとしている人の前では、牧師は明確に信仰と受洗をうながして、天国の門を開くべきです。同様に、信仰の中心が明確でない時に、義理人情や教勢を理由に天国の門を開くことはあってはならないでしょう。その意味でも、信仰を確認する質問をして、その上で主イエスに命じられている通りに受洗をうながしていくことは、牧師の伝道における欠かすことのできない重要な役割です。この点に関しても第4章で詳しく述べました。

ステップ4　イエス様と共に生きる

　信仰の告白ができた人には、洗礼の準備の学びを開始します。

　カテキズムを使ったり、様々な入門テキストが市販されていますので、それらを利用したりしても良いでしょう。私の場合は、自作の洗礼・信仰告白の準備テキストがありますので、それを用いています【本書114–115頁参照】。教会全体で新しい神の家族が加わることを祝うことは大切なので、可能な限り、クリスマスやイースターのような、お祝いの会を大々的にやりやすいタイミングに合わせて洗礼式を準備します。なので学びも場合によっては、洗礼前に確実にやっておかなければならない必要な部分だけ先に終えて、残りは受洗後という場合もあります。

　私の洗礼準備テキストの場合は、全体的に穴埋め形式になっていて、聖書を抜き書きしながら確認していきます。前半の数回は信仰の内容についての確認です。たとえば、聖書とは、神様とは、イエス様とは、聖霊とは、教会とは、といったことです。続いて後半は、実際の教会生活、日常の信仰生活について、どのように歩んでいくとよいかという実践的なことを学びます。

参考資料：

洗礼・信仰告白準備会　第1回　「聖書・父なる神様」　　年　月　日

＜はじめに＞
今何を信じているのか、言葉にしてみましょう

どうして信じるようになりましたか？

洗礼と信仰告白、それはどういう意味があるのでしょうか？

1．聖書
私たちの信仰の土台となるのは、神様の御言葉である聖書です。
次の三箇所を開いて、大切なことを確認しましょう。
　① ヨハネ5章39節　（新約 p.173）
　　「聖書は＿＿＿＿＿について書いてある」

　② ヨハネ20章31節　（新約 p.210）
　　「聖書は私たちがイエス様を＿＿＿＿＿、＿＿＿＿＿ために書かれた」

　③ 第二テモテ3章16～17節　（新約 p.394）
　　「聖書は＿＿＿＿＿＿＿の下に書かれている」＝「神の言葉」
　　＊書いている人々や、歴史の中に聖霊が働いて、今の聖書がある。

また、信じて歩む生き方のすべてを整え、導いてくれる。
　　「　　　　　」…どのように生きるべきか教える
　　「　　　　　」…間違った点を指摘してくれる
　　「　　　　　」…正しい道に戻らせてくれる
　　「　　　　　」…その道を歩んでいく支えになる

2．父なる神様
（1）神様がどんな方か自分で言葉にしてみましょう。

(2) 聖書を開いて神様がどんな方か書き出して、確認しましょう。
　① 第一コリント8章4～6節　（新約 p.309）
　　「神様は_____の神様」

　② 出エジプト記3章13～14節　（旧約 p.97）
　　「神様の名前は『_____』」＝「主」

　③ 使徒言行録14章15節　（新約 p.241）
　　「_____は神様ではない」「_____も神様ではない」
　　「_____神（＝私たちが信じようが信じまいが存在しておられる方）」
　　「全てを_____方」（以上15節より）

　④ レビ記11章44節　（旧約 p.178）
　　「_____者」

　⑤ 第一ヨハネ4章7～9節　（新約 p.445）
　　「神様は_____」（8節）
　　「_____を私たちのために下さった」（9節）

(3) 神様とあなたの関係、神様を信じるとは…
　① ローマ8章15～16節　（新約 p.284）
　　・神様を信じると、神様の_____とされる。

　② ローマ8章31節　（新約 p.285）
　　・神様は信じる私たちの_____です。

　③ ローマ12章1～2節　（新約 p.291）
　　・自分の_____を神様にささげる。（1節）
　　＊日常からすべて、神様と共に生きるようになる。
　　・_____に倣わない。何が神様の_____であるかをわきまえる。（2節）

3．宿題
聖書のどこに何があるかを調べてくる。
（例：福音書はどの辺？　詩編はどの辺？）

第6章　個人伝道

　いつも強調して確認しておくべき大切な点だと思っていることは、「救いの確かさ」、「洗礼はスタート地点であること」、「教会の大切さ」です。

　まず、「救いの確かさ」とは、主は信仰によって救ってくださるという約束を、変えることはない、ということの確認です。これは、多くの日本のクリスチャンと話していて感じることなのですが、文化的に自己肯定感が低いのでしょうか、「実はやっぱり私なんか救われていないんじゃないか」と考える人が多いということです（クリスチャンと話していてですよ！）。これは、信仰の根本的な問題であって、自分の評価や気持ちでなくて、主の御言葉とその約束に土台を置くことが不可欠なので、よく確認するように心がけています。

　次に「洗礼はスタート地点であること」です。これもよく聞くことですが、「洗礼を受けたら教会に来なくなった」というケースが結構あったりします。洗礼は信仰の勉強会の卒業式ではありません。信仰は主イエスと共に生きることですから、洗礼はその始まりです。この点、よくお話しするようにしています。

　最後に「教会の大切さ」です。初代教会の始まりからして、聖霊に満たされたペトロの説教に応えて、「ペトロの言葉を受け入れた人々は洗礼を受け、その日に三千人ほどが仲間に加わった」（使徒2:41）とある通り、洗礼を受けることは、個人的な救いであると同時に、キリストの体である教会の一員となることでもあります。教会が信仰生活の励ましになるという実利的な面も分かち合いますが、何よりも「あなた自身が教会となるのだ」という点をよくお伝えするようにしています。

　ちなみに、当然のことですが、教会ごとに決まっているしかるべきタイミングで、役員会や長老会といった場で受洗の手続きがなされなければなりません。その時も、洗礼を受ける人はあらためて自分が教会の肢となることを感じることができるでしょう。この点も既に前章までに詳しく扱いました。

　そして、話すだけではなく、新たに信仰をもったその人が、実際に教会

の交わりの中で、信仰生活をスタートして、「成長していけるように」することまでが、伝道です。

おわりに

「沖に漕ぎ出して網を降ろし、漁をしなさい」(ルカ 5:4)とイエス様は言われました。言われた相手は、教会の最初のリーダーの一人となるペトロです。おわりに、この御言葉を思い巡らしてみたいと思います。

沖に漕ぎ出して

まず、ここまでお付き合いくださった読者の皆さんに、心から感謝します。そして、せっかくお付き合いくださったのですから、本を閉じて終わりではなく、実際の伝道に一歩踏み出してくださることを強く願います。

沖に漕ぎ出してこそ、漁は始まります。魚はとれるかもしれないし、とれないかもしれない。まさに神様のみが知っていますが、漕ぎ出さなければ絶対にとれません。

「沖に漕ぎ出せ」とイエス様に言われても、ペトロは半信半疑でした。しかし、「お言葉ですから」と漕ぎ出すと、舟が沈みかける大漁が待っていました。

日本の多くの教会の置かれた現状は厳しいものです。それでも、私たちの知っている現実の前であきらめてしまうよりは、まずはイエス様を信じて沖に漕ぎ出してみましょう。

皆さんの伝道の船出が大いに祝されますように祈ります。

網を降ろして

「教会の伝道」を考える上で、「ネットワーク」というのが、これからの

おわりに

時代の一つのキーワードとなるかもしれません。

　イエス様がペトロたち漁師四人を弟子にした時、「わたしについて来なさい。人間をとる漁師にしよう」（マタイ 4:19）と言われました。これもまた様々な大事な意味がある聖書箇所ですが、イエス様のもとに「すくい（救い）」あげる働きにつく、という意味で考えると、彼らの漁の仕方が興味深いと思います。彼らは一本釣りではなく、網をおろして漁をしました。ここで、この「網」に注目したいと思います。

　言ってみれば、網とは人の網、すなわちクリスチャンたちが網目のようにつながって、互いに協力して人々をイエス様のもとにお連れするということかもしれません。それには、何よりまず牧師同士、教会同士がつながっていくことが必要不可欠だと思います。

　私は、プロテスタント教会はそれ自体の持つ性質として、多くのグループに分かれていくものだと思っています。それは、外から見れば一致していないと批判を受けるかもしれませんが、現実は決してそうではなく、むしろキリストの体の豊かさだと考えています。

　それぞれが、特徴と違いを認め合い、目は手を、手は目を、そして体全体が内臓を大切にしていく時（一コリント 12 章のたとえのことです）、素晴らしい「主にある一致」があると思います。

　しかし、それが悪く働いてしまうこともある。地域教会が自分の教会しか目に入らない内向きになってしまったり、教派が「自分の教派だけが素晴らしい」と言い出してしまったら、それは主の栄光が表される一致どころか、愚かな人間の罪（不和、ローマ 1:29）を証しするだけです。

　もちろん、何でもかんでも一緒にするのがよいと言いたいのではありません。互いに違いを認め合い、柔軟に協力できるところでは力を合わせれば良いのだと思います。特に「伝道しよう」という思いが一致すれば、やり方の違いはむしろ多種多様な人に届くチャンスですから、まずは祈り合うことから始めて、ネットワークを作っていくことが必要だと考えています。

本書は牧師と、一人ひとり違った個性を持った信徒の皆さんが、ともに伝道するためのワークをしてきました。それぞれの教会の内にあるネットワークを用いて伝道しましょう。

また、同じ教派の内にある個性豊かな教会が、ともにネットワークを作って伝道しましょう。

そして、さらに個性豊かな教派間でもネットワークを築いて福音を伝えましょう。

たとえば、牧師同士のネットワークを作るのはどうでしょうか。教派内でのネットワークは既にあるはずですから、それ以外の牧師の伝道ネットワークが生まれてくることは、日本全体での「教会の伝道」にとって大きなインパクトを与えることと思います。

特に、様々な交わりに加わる機会を通して、「地域」、「年齢」、「規模」、「働き」の近い者同士によるネットワーク作りは、牧師に大きな力を与えると感じています。

すなわち、市内や区内といった地域内での教派を超えた牧師ネットワーク、年齢の近い者同士のネットワーク、教会の規模ごとに状況が違いますからそれに合わせた牧師ネットワーク、そして、同じようなミニストリーに取り組んでいる教会同士のネットワークなど可能性は限りがありません。他にも、もちろん、互いに「伝道のため」祈り合い、励まし合うネットワークが築かれることが、牧師にとっても、また「教会の伝道」にもとても良い影響を与えると思います。

同じ主を信じる者たちが、違いを認め合って「網を降ろ」す時、驚くべき御業があると期待しています。

伝道は希望に満ちている

本書の冒頭で、私は伝道に絶望感を持っていることをお話ししました。

おわりに

　私のちっぽけな働きでイエス様を紹介することができる相手は本当に少ない。何もできずに本当にイエス様に申し訳ない。そんな気持ちが、牧師になる以前から、今に至るまで、ずっとあります。

　それでも、私が牧師になろうと決心したのは、伝道は希望に満ちているとも感じているからです。
　最後に、少しだけ個人的な話をさせてください。
　私は大学受験で大きな挫折を経験しました。若い日にありがちな夢というよりは野望を抱いて、有名になりたいと考え、音楽の道に進もうとしていましたが、受験の挫折をきっかけにそれをあきらめました。私はその時に既にクリスチャンでしたが、神様に「この道は違う」と示されたように感じました。かといって、別の道が特別に与えられたという確信もなく、私はそれから目的のない生き方になってしまいました。笑われるかもしれませんが、当時の私は「天国には行けるのだし、残りの人生は消化試合みたいなものだ、楽をして稼いで生きられればいいな」と思っていました。
　ところが、幸いにして一浪して入った大学で神様の導きがあって、深い悔い改めと、いわば新しく生まれ変わったような経験をしました。そして、喜びにあふれて伝道するようになり、「はじめに」でも書いたようにイエス様を伝えた相手が救いを受ける姿を目の当たりにするようになってきました。
　そして気づいたのは、自分の栄光を求めて夢見ていた時には描けなかった大きな神様の計画に、自分も加えられているということでした。それまでの自分の人生は、せいぜい自分が成功するとかしないとか、そういう枠の中でしか見ることはありませんでした。ところが、献身の思いが与えられてからは、天地創造のはじめから、主イエスの来られる終わりの時までの大きな主の御業の中に自分が置かれていることを感じるようになりました。
　ごく、ちっぽけな私の働きですが、それをも神様はご自身の御国のため

に用いてくださる。偉大な神様の計画の中で、意味のあるものとされていると分かるようになったのです。

　美しい織物も一織り一織りの積み重ねで作られます。私の取るに足らない伝道者人生がその一織りだとすれば、そこにだけ注目しては全体像を見ることができません。しかし、主の目線で見てみると、その小さな一織りも実は神様の栄光に満ちた御匡の完成に向けて用いられているのだと思うと、震えるような希望を感じます。

　　あなたがたには世で苦難がある。しかし、勇気を出しなさい。わたしは既に世に勝っている。（ヨハネ 16:33）

　日本の教会の置かれている現状、そして無力な私自身の惨状、いずれも目を留めれば厳しいものがあります。しかし、素晴らしい勝利の結末は既に主イエスによって描かれています。

　一晩中漁をして一匹もとれなかったペトロが、「お言葉ですから」と信じたように、私たちも御言葉に信頼して漁に出ましょう。

　さあ、ともにこの希望に満ちた働きを始めていきましょう！

鈴木　光
　すずき　ひかり

1980 年生まれ
早稲田大学第一文学部卒業
DREW 大学神学部修士課程卒業（Mdiv）
現在、日本基督教団勝田教会主任牧師

伝道のステップ 1、2、3
信徒と牧師、力を合わせて

2018 年 7 月 10 日　初版発行　　Ⓒ 鈴木 光 2018

著者　　鈴木　光

発行　　日本キリスト教団出版局
　　　　〒169-0051
　　　　東京都新宿区西早稲田 2-3-18-41
　　　　電話・営業 03（3204）0422
　　　　　　　編集 03（3204）0424
　　　　http://bp-uccj.jp

印刷　　河北印刷株式会社

ISBN978-4-8184-1008-4　C0016　日キ販
Printed in Japan

日本キリスト教団出版局の本

10代と歩む
洗礼・堅信への道

朴憲郁、平野克己：監修
大澤秀夫、筧 伸子、
田中かおる、古谷正仁：著

● B5判／144頁／2,000円（＋税）
《志願者用ワークシートCD-ROM付》

10代の洗礼志願者が、楽しく学べるように工夫された参加型プログラム。カテキスト（指導者）のためのわかりやすい教理の説明、洗礼・堅信の意義、志願者のケア等も掲載。「キリスト」「聖書」から始まり「十字架と復活」「聖霊」に至る全15章を、1章ずつ学び進める。

【プログラム内容（全15セッション）】
    1   キリストを着よう──キリスト者になる
    2   聖書──これはわたしたちの物語
    3   礼拝──わたしはここにいます
    4   父なる神──天地を造られた方
    5   イエス・キリスト──最大のプレゼント
    6   十字架と復活──最も大いなる奇跡
    7   聖霊──いま生きて働く神
    8   教会──不思議な、けれども世界共通の集まり
    9   聖徒──教会の人たちと話してみよう
    10   罪の赦し──罪の力からの解放
    11   死と体のよみがえり──主の再臨
    12   洗礼・堅信──新しく生きる
    13   聖餐──大切な食事
    14   祈り──神さまと話そう
    15   信仰の旅を始めよう